农机合作社经理人实务

NONGJI HEZUOSHE JINGLIREN SHIWU

◎ 彭维钦　田贵康　主编

重庆出版集团　重庆出版社

图书在版编目（CIP）数据

农机合作社经理人实务 / 彭维钦，田贵康主编．—重庆：重庆出版社，2022.6（2023.5重印）
ISBN 978-7-229-16855-1

Ⅰ.①农… Ⅱ.①彭…②田… Ⅲ.①农业机械-农业生产合作社-经营管理-中国 Ⅳ.① F321.42

中国版本图书馆 CIP 数据核字 (2022) 第 088968 号

农机合作社经理人实务
NONGJI HEZUOSHE JINGLI REN SHIWU

彭维钦 田贵康 主编

责任编辑：刘早生
责任校对：李春燕
装帧设计：陈学兵

重庆出版集团 出版
重庆出版社

重庆市南岸区南滨路 162 号 1 幢 邮政编码：400061 http://www.cqph.com
重庆博优印务有限公司
重庆出版集团图书发行有限公司发行
E-mail:fxchu@cqph.com 邮购电话：023-61520646
全国新华书店经销

开本：889mm×1194mm 1/32 印张：7.25 字数：232 千
2022 年 8 月第 1 版 2023 年 5 月第 2 次印刷
ISBN 978-7-229-16855-1
定价：45.00 元

如有印装质量问题，请向本集团图书发行有限公司调换：023-61520678

版权所有 侵权必究

编审委员会

策　划	杨培成
主　编	彭维钦　田贵康
副主编	周　兵　刘　明　黄自力　李　英　李廷友
	康学良　周　碧　袁　可
参　编	谢英杰　吴修明　罗春明　高家祥　肖方建
	张蔚鸿　邱　涛　周元贵
主　审	邱　宁
审　稿	许　颖
统　稿	王明明

前 言

农机专业合作社是农民专业合作社的重要组成部分，是土地适度规模经营、农业经营体制创新和农业生产社会化服务的重要推进力量。农机专业合作社将农机经营者组织起来，开展农机社会化服务，解决了农业机械大规模作业与亿万农户小规模生产的矛盾，有效实现了农业规模化经营、标准化生产、社会化服务的有机统一，促进了土地、劳动力、装备、技术等生产要素的有效整合，推动了农机农艺融合，加快了农业科技应用，提高了农业生产集约化水平和组织化程度，提高了土地产出率、劳动生产率和资源利用率。

农机合作社经理人是农机合作社的CEO，是职业化的合作社经营管理者，其依托农机合作社规模化的土地和农机装备，进行精细化经营、服务和管理，并从中获取佣金或红利，是农村经营和管理的高级人才和新型职业农民群体的领军人才，是推进乡村振兴的人才支撑。

合作社发展实践证明，人才是兴社之本。农机合作社经理人能力水平关系到合作社的长远发展，决定了合作社能否上规模、上水平、有效益。重庆市农业农村委员会农业机械化管理处组织重庆农业经理人专家工作室编写的《农机合作社经理人实务》，以《农业经理人国家职业标准》为依据，注重理论联系实际，本着"用什么，编什么"的原则，阐述了农机合作社概述、创建、运营管理、人力资源管理、实用农机化技术与装备、社会化服务、设施设备管护和农机合作社建设典型案例等内容，为广大农机合作社学习掌握政策理论，提升服务能力，开展社会化服务实践提供借鉴和参考。

本书的编写得到了重庆市农业机械化技术推广总站、重庆市宜耕农业机械专业合作社、重庆市潼南区长丰农机专业合作社、重庆圆桂农机股份合作社等单位的大力支持和参与，在修改和审定过程中还得到了有关专家的大力支持，在此一并致谢！

本书编写过程中编写人员虽然做了大量工作，但该书在许多方面仍然存在不足之处，还需要在具体工作实践中不断完善和发展，敬请广大读者提出宝贵意见。

编 者

2021年12月

目 录

第一章 农机合作社概述 /1
第一节 农机合作社基本知识 /2
一、农机合作社的概念及基本原则 /2
二、农机合作社的发展意义 /4
三、农机合作社的发展 /5
第二节 农机合作社的政策扶持 /9
一、财政扶持 /10
二、税收扶持 /10
三、金融扶持 /11
四、用地支持 /12
五、产业支持 /13

第二章 农机合作社创建 /15
第一节 组建条件 /16
第二节 组建程序 /18
一、明确发起人，座谈组建的必要性 /18
二、组建筹备委员会，进行可行性分析论证 /18
三、召开设立大会 /19
四、注册登记，取得法人资格 /21
五、合作社分支机构 /24
六、合作社涉及登记违法应承担的法律责任 /25
第三节 合并分立 /25
一、合并 /25

二、分立 /27
　　三、合作社变更登记、注销登记程序 /28
第四节 解散和清算 /30
　　一、解散 /30
　　二、清算 /30
第五节 联合社和示范社 /31
　　一、联合社 /31
　　二、示范社创建 /32

第三章 运营管理 /37

第一节 法人治理 /38
　　一、机构设置及职能 /38
　　二、法定代表人的素质要求 /40
　　三、任职回避 /41
第二节 生产管理 /42
　　一、制定生产计划 /42
　　二、选配农业机械 /43
　　三、组织实施作业 /45
　　四、安全生产作业 /46
　　五、检查作业质量 /49
第三节 经营管理 /50
　　一、市场调研 /50
　　二、经营决策 /53
第四节 财务管理 /56
　　一、产权制度 /56
　　二、投融资管理 /59
　　三、盈余分配 /62
第五节 风险管理 /65
　　一、风险管理概念 /65

二、风险管理程序　　/ 65
　　三、农机合作社的风险类型　　/ 66
　　四、农机合作社风险管理措施　　/ 68

第四章 农机合作社人力资源管理　　/ 71
第一节 人力资源管理概述　　/ 72
　　一、概念　　/ 72
　　二、内容　　/ 72
　　三、目标　　/ 72
　　四、职能　　/ 72
第二节 人力资源管理的配置原则　　/ 73
　　一、优化原则　　/ 73
　　二、激励原则　　/ 73
　　三、开发原则　　/ 73
第三节 人力资源管理主要环节及方法　　/ 74
　　一、建立员工岗位制度　　/ 74
　　二、制定人力资源规划　　/ 75
　　三、加强人力资源培训　　/ 76
　　四、做好人才选拔招聘　　/ 76
　　五、建立绩效考核评估制度　　/ 77
第四节 人员培训　　/ 78
　　一、培训目标和内容　　/ 78
　　二、编制培训计划　　/ 80
　　三、选择培训方法　　/ 81
第五节 礼仪常识　　/ 82
　　一、礼仪的内涵和外延　　/ 82
　　二、礼仪的重要性　　/ 83
　　三、合作社常用个人礼仪　　/ 83
　　四、合作社常用职业礼仪　　/ 86

第五章 实用农机化技术与装备 /91

第一节 水稻机械化生产技术 /92
一、毯状苗机械化育插秧技术 /92
二、钵苗机械化移栽技术 /92
三、钵毯苗机械化育插秧技术 /93
四、机械化直播技术 /93

第二节 油菜机械化生产技术 /94
一、机械化开沟技术 /94
二、机械化直播技术 /94
三、机械化田间管理技术 /95
四、机械化收获技术 /96
五、机械化干燥技术 /96
六、机械化秸秆还田技术 /97

第三节 马铃薯机械化生产技术 /98
一、机械化起垄技术 /98
二、机械化播种技术 /98
三、机械化田间管理技术 /99
四、机械化杀秧技术 /101
五、机械化收获技术 /102

第四节 果园机械化生产技术 /102
一、机械化果园建园技术 /102
二、机械化定植技术 /103
三、机械化深松技术 /103
四、机械化管理技术 /104
五、机械化运输技术 /105
六、水肥一体化技术 /105

第五节 丘陵山区农田宜机化改造技术 /107
一、农田宜机化改造技术背景 /107
二、丘陵山区农田宜机化改造原则 /108

三、农田宜机化改造建设内容　　　　　　　　　/ 109
　　四、农田宜机化改造技术参数　　　　　　　　　/ 110
　　五、农田宜机化改造类别　　　　　　　　　　　/ 110
　　六、农田宜机化改造建设流程　　　　　　　　　/ 113
　　七、农田宜机化改造经济效益　　　　　　　　　/ 114
第六节 实用农业机械介绍　　　　　　　　　　　　/ 115
　　一、农业机械分类　　　　　　　　　　　　　　/ 115
　　二、拖拉机　　　　　　　　　　　　　　　　　/ 116
　　三、耕整地机械　　　　　　　　　　　　　　　/ 119
　　四、播种机械　　　　　　　　　　　　　　　　/ 122
　　五、水稻移栽机械　　　　　　　　　　　　　　/ 126
　　六、田间管理机械　　　　　　　　　　　　　　/ 128
　　七、收获机械　　　　　　　　　　　　　　　　/ 130
　　八、烘干机　　　　　　　　　　　　　　　　　/ 132

第六章　农机合作社社会化服务　　　　　　　　/ 135

第一节 机械化耕整地作业服务　　　　　　　　　　/ 136
　　一、机械化耕整地作业基本知识　　　　　　　　/ 136
　　二、机械化耕整地作业服务要求及质量　　　　　/ 137
第二节 机械化播栽作业服务　　　　　　　　　　　/ 137
　　一、机械化播栽作业基本知识　　　　　　　　　/ 137
　　二、机械化播栽作业服务要求及质量　　　　　　/ 138
第三节 机械化植保作业服务　　　　　　　　　　　/ 139
　　一、机械化植保作业基本知识　　　　　　　　　/ 139
　　二、机械化植保作业服务要求及质量　　　　　　/ 140
第四节 机械化收获作业服务　　　　　　　　　　　/ 141
　　一、机械化收获作业基本知识　　　　　　　　　/ 141
　　二、机械化收获作业服务要求及质量　　　　　　/ 141
第五节 综合农事服务　　　　　　　　　　　　　　/ 142

一、土地流转服务　　/ 142
　　二、托管服务　　/ 142
　　三、菜单式服务　　/ 143
　　四、跨区作业服务　　/ 143
　　五、其他　　/ 143

第七章　农机合作社设施设备管护　　/ 145
　第一节　农机合作社设施管理　　/ 146
　　一、农机合作社存放的农机设施介绍　　/ 146
　　二、农机设施存放管理　　/ 146
　第二节　农机合作社常见设备管理　　/ 148
　　一、拖拉机管理　　/ 148
　　二、拖拉机的换挡　　/ 149
　　三、动力输出装置的操纵　　/ 149
　　四、插秧机管理　　/ 150
　　五、联合收割机管理　　/ 152
　　六、植保无人机管理　　/ 154
　　七、干燥机器管理　　/ 155
　第三节　农机合作社常见设备维护与保养　　/ 156
　　一、拖拉机维护与保养　　/ 156
　　二、油水分离器的清洗、保养　　/ 158
　　三、传动箱润滑油的检查和更换　　/ 158
　　四、电控液压提升器机油滤清器的保养　　/ 159
　　五、燃油箱的保养和维护　　/ 159
　　六、轮胎充气压力的检查　　/ 159
　　七、插秧机维护与保养　　/ 160
　　八、联合收割机维护与保养　　/ 160
　　九、植保无人机维护与保养　　/ 163
　　十、干燥机器维护与保养　　/ 168

第八章 农机合作社典型案例　　　　　　　　　　　　　　　　/ 171

上海外冈农机服务专业合作社

稻谷不落地　直卖品牌米　　　　　　　　　　　　　　　/ 172
　　一、基本情况　　　　　　　　　　　　　　　　　　　/ 172
　　二、主要做法　　　　　　　　　　　　　　　　　　　/ 172
　　三、启示　　　　　　　　　　　　　　　　　　　　　/ 177

江苏省泰州市姜堰区桥头镇家庭农场服务联盟

构建家庭农场服务联盟　引领现代农业生产新业态　　　　/ 178
　　一、基本情况　　　　　　　　　　　　　　　　　　　/ 178
　　二、主要做法　　　　　　　　　　　　　　　　　　　/ 179
　　三、启示　　　　　　　　　　　　　　　　　　　　　/ 182

浙江省杭州余杭益民农业生产服务专业合作社

"闲田租金"效应强　农户收入"香喷喷"　　　　　　　　/ 183
　　一、基本情况　　　　　　　　　　　　　　　　　　　/ 183
　　二、主要做法　　　　　　　　　　　　　　　　　　　/ 184
　　三、启示　　　　　　　　　　　　　　　　　　　　　/ 187

江西省高安市久洋农机专业合作社

顺时而变谋发展　转型升级上台阶　　　　　　　　　　　/ 188
　　一、基本情况　　　　　　　　　　　　　　　　　　　/ 188
　　二、主要做法　　　　　　　　　　　　　　　　　　　/ 189
　　三、启示　　　　　　　　　　　　　　　　　　　　　/ 192

广东省开平市永晖农机专业合作社联合社

建"大农业"服务联盟　助农民减本增收　　　　　　　　　/ 192
　　一、基本情况　　　　　　　　　　　　　　　　　　　/ 193
　　二、主要做法　　　　　　　　　　　　　　　　　　　/ 194
　　三、启示　　　　　　　　　　　　　　　　　　　　　/ 196

重庆圆桂农机股份合作社

从机具销售到综合农事服务的 10 年蝶变　　　　　　　　/ 197
　　一、基本情况　　　　　　　　　　　　　　　　　　　/ 197

二、主要做法 / 198
　　三、启示 / 200
重庆市潼南区佳禾机械种植专业合作社
小老板打造大品牌 开辟丘陵农机化新路径 / 201
　　一、基本情况 / 201
　　二、主要做法 / 202
　　三、启示 / 206
重庆陶义农机合作社
"80后"开辟粮油复合机械化生产新路子 / 206
　　一、基本情况 / 207
　　二、主要做法 / 207
　　三、启示 / 210
四川省眉山市德心农机专业合作社
建立"傻瓜式"种田机制 助力乡村重新焕发生机 / 211
　　一、基本情况 / 211
　　二、主要做法 / 212
　　三、启示 / 215
四川省绵阳市安州区永福农机专业合作社
农机综合服务超市 助推油菜全程机械化 / 216
　　一、基本情况 / 216
　　二、主要做法 / 216
　　三、启示 / 219

参考文献 / 220

第一章 农机合作社概述

第一节 农机合作社基本知识

一、农机合作社的概念及基本原则

（一）农机合作社的概念

农机合作社是按照《中华人民共和国农民专业合作社法》(以下简称《农民专业合作社法》)《农民专业合作社登记管理条例》《农民专业合作社示范章程》和有关法律、法规、制定章程，依法成立的以从事农机生产和各类农机作业服务的农民为主体，以服务成员为宗旨，遵循着"入社自愿、退社自由"原则为合作社成员和其他个人或团体提供服务的组织。

农机合作社是以农机服务为主的农民专业合作社，是一种新型农业经营主体，它既不同于传统的农村集体经济组织，也不同于以公司为代表的一般企业法人，农机合作社作为农机社会化服务的互助性经济组织，享有独立的法律地位。

（二）农机合作社的业务范围

农机合作社主要业务范围是：组织机械化生产、收割和农产品初加工，提供技术、维修、信息、咨询、培训等服务。主要包括以下几类：

1. 组织生产单位劳动合作，农业机具规模作业及配套作业；

2. 提供技术支持，包括引进新技术、新机具、新品种，组织技术培训、开展技术交流，为合作社成员提供技术指导；

3. 采购生产资料和生活资料，保障合作社成员生产和生活需要；

4. 完善合作社配套服务，比如机具维修、包装加工、贸易交易、储藏运输等产业化经营服务；

5. 加强安全指导，保障农机安全生产，做好农机保养及维护服务，提高作业质量，创建服务品牌；

6. 完成国家、集体或个人委托的科研项目和其他服务。

（三）农机合作社的基本条件

农机合作社作为农机社会化服务的互助性经济组织，享有独立的法律地位，根据《农业部关于加快发展农机专业合作社的意见》，发展农机合作社，必须以《农民专业合作社法》为准绳，把握和遵循五个基本原则。

1. 坚持成员以农民为主体原则

以从事农业生产和各类农机服务的农民为主体。《农民专业合作社法》规定，农民专业合作社的成员中，农民至少应当占成员总数的百分之八十。成员总数二十人以下的，可以有一个企业、事业单位或者社会组织成员；成员总数超过二十人的，企业、事业单位和社会组织成员不得超过成员总数的百分之五。

2. 坚持以服务成员为宗旨

农机合作社以服务社员为宗旨，最大程度地实现和维护社员利益，不断增强农机合作社的凝聚力、吸引力和感召力。

3. 坚持入社自愿、退社自由

成员入社自愿，退社自由。农机合作社是互助性经济组织，凡具有民事行为能力的公民，能够利用农机合作社提供的服务，承认并遵守农机合作社章程，履行章程规定的入社手续的，可以成为农机合作社的成员。任何单位和个人都不得违背农民意愿，不能以指导、扶持和服务等名义强迫他们成立或者加入农机合作社。农民也可以依法自由退出农机合作社，终止其成员资格，农机合作社应当按照章程规定的方式和期限，退还记载在该成员账户内的出资额和公积金份额，返还其成员资格终止前的可分配盈余；资格终止的成员应当按照章程规定分摊资格终止前本社的亏损及债务。

4. 成员地位平等，实行民主管理

成员地位平等，合作社的各成员不论其土地规模、投入机械数量、是否出资、出资多少，在合作社内部的地位都是平等的。实行民主管理，在成员大会的选举和表决上，实行一人一票制，成员各享有一票基本表决权。在运行过程中应当始终体现"民办、民有、民管、民受益"的精神,实行民主选举、民主管理、民主决策、民主监督。

5. 施行盈余分配

盈余分配方式是农机合作社与其他经济组织的重要区别,合作社盈余主要按照成员出资比例、交易量、作业量(额)比例返还。具体分配办法按照章程规定或者经成员大会决议确定。

二、农机合作社的发展意义

（一）发展农机合作社是增强农业综合生产力的重要举措

农机合作社是实现农业机械化和提高农业生产率的有效载体。通过农机合作社,可以实现农业规模化经营、标准化生产、社会化服务的有机统一,促进土地、劳动力、资金、装备、技术、信息、人才等生产要素的有效整合,推动农机农艺结合,加快农业科技应用,提高农业生产集约化水平和组织化程度,完善农村基本经营制度,有效提高土地产出率、劳动生产率和资源利用率。因此,加快发展农机合作社,有利于实现农业生产要素和资源合理配置,推进农业科技进步,提升农机化水平,增强农业综合生产力。

（二）发展农机合作社是促农增收,脱贫致富的重要途径

在打赢脱贫攻坚的关键时刻,农机合作社在带动农民增收、脱贫致富方面作用显著,农机合作社将农机经营者有效组织起来,开展农机社会化服务,加强农机拥有者和使用者的紧密联结,有效解决了农业机械大规模作业与亿万农户小规模生产的矛盾,扩大了农机作业服务规模,提高了机械利用率和农机经营效益,在提质节本增效的同时,有效地促农增收助脱贫。

（三）发展农机合作社是实现乡村振兴,建设现代农业的迫切要求

农机合作社是现代农业发展的必然产物,是促进农业发展的关键。农业的发展离不开农机合作社的发展。一方面,发展农机合作社有利于培育新型职业农民,促进农民素质的提高和农村社会进步。农机合作社已经成为构建新型农业经营体系的中坚力量,在提高产业规模,做大产

业发展等方面发挥了重要作用。另一方面，现代农业发展靠的是科技，科技的主要力量是农业机械，农业机械化的载体是农机合作社。因此，发展农机合作社，成为国家推进"三农"工作、实施乡村振兴战略的关键抓手之一，是实现乡村振兴，建设现代农业的迫切要求。

三、农机合作社的发展

（一）国外农机合作社的发展现状

1. 美国的农场主式合作社

国外农机合作社发展历程比国内早很多，美国是最早实现农业机械化的国家，在20世纪30年代出现农业生产技术服务，且在二战以后迅速发展，完善的服务体系在20世纪50年代以后形成。美国的农机化服务体系是市场主导型的，在农机服务体系中，形成国家及其农业院校和推广机构、私人农机专业合作社、合作社三位一体的格局，分工比较合理。

美国农业生产基于大型家庭农场，除了提供农机设施服务的合作社外，还有农机生产企业、农机经销商（作为农户和农机企业的中介，既经销农机产品，也租赁农机具）、农机租赁公司、农机作业服务公司、农机协会等农机服务组织。合作社主要提供销售、加工、农资供给、信贷服务。各个环节高度分工协作，产业化链条一环紧扣一环，时间衔接得很好，每个农户经营土地规模可达到200公顷以上。服务组织在从事作业之前要对机手进行培训，培训合格后购买保险，服务组织、机手、保险公司三者要订立合同，发生安全事故按合同规定进行裁决。如果属于质量事故，则由各农机专业质量委员会鉴定，提出发生事故的主要原因，交法院裁决。农机生产、销售、服务等环节均为市场行为，政府不可干预。

2. 法国的"居马"农机组织

当前法国农机经营的主要模式是农机合作社，法文简称"CUMA"，中文译为"居马"。"居马"类似于股份合作社或股份公司，由几个村庄（一般4个以上）联合起来组建成立，加入"居马"要缴纳费用、签订合同后才能成为正式社员，社员以缴纳的会费作为担保可以向银行申请农机具购置贷款。社员即为股东，享有表决权，并享有免费使用农机的权利，具体以缴纳的费用多少确定免费使用的次数，社员每年年底还享有收益分红。在法国，一些大型、专业化农业机械，如经济作物作业机械、大型收获机械和农田基本建设机械等，都通过合作社集体购买。法国共有1万多个"居马"，分布在全国各地。入社农户拥有土地规模一般在300~500公顷，机具使用费比个人购机使用成本降低了40%。合作社的主要经费来自社员交纳的会费和农机作业服务费。在"居马"购机时，根据社员作业申请计划，提出某种作业服务需求的社员要对所需机械投资10%。

3. 德国的"农机环"合作社

"农机环"是德国的农机合作组织，约一半农户加入了"农机环"，参与共同使用农业机械的活动。"农机环"是农民联合使用农业机械的主要形式，是专业化很强的农机服务合作组织。由一些颇具财力又懂得农机专业知识的人大量购买农机出租给农民，或者向农民承包农活。该组织鼓励农民自愿参加，不改变原有农业机械的所有权，在组织内部通过协商，统一调度各种农业机械，在各成员农场中轮流作业，使农业机械的使用效率有很大提高。政府为了推动农机化的发展，对农机合作组织给予了财政支持和政策保障：一是对农民合作购买大型农机给予资金补贴等优惠待遇；二是对合作组织提供必要的办公设施，如电脑设备等；三是培训合作社负责人，提高他们的组织服务能力；四是对农用柴油半价供应，政府实行价格补贴。

4. 日本的"农机银行"

日本的农机合作组织主要是建立"农机银行"。日本由于人多地少，山地和丘陵约占国土总面积的80%，耕地面积占总面积的13.2%，耕地不连片，地块小且分散。日本针对农户小而全的农业经营形式建立了"农机银行"，有效地解决了农机化资金不足的问题。其做法是由几户农民联合起来，一家买收割机，另一家买插秧机，其余的几家分别买拖拉机、排灌机械等，农民独立经营管理，统一集中协调使用，使用人向机具所有者支付租金。这种做法投入资金少，使用效益高，作业成本低，社会效益显著。1978年在东京开始推广，目前在全国已有1000多个这样的"农机银行"组织。日本1953年就制定了《农业机械化促进法》，该法规定国家和地方政府都要增加对农业机械化的投入，包括贷款和无偿援助，同时引进推广高性能农业机械并对农机具的性能和质量检查等。

（二）国外发展农机合作社的经验启示

早在20世纪六七十年代，发达国家就基本上已经实现了农业生产的机械化和现代化。由于不同国家的自身农业发展状况存在差异，因此在农机合作组织的组成方式、经营形式等方面有很大的不同，但是，也有很多地方值得我们学习和借鉴。

1. 政策法规体系比较完善

国外的农机服务组织发达，国家对促进农机社会化服务的发展都有相关法律法规，特别是针对农机作业、教育培训、农机产品质量和安全等，并在法律框架下实施了政府的干预。

2. 运行管理体制比较规范

国外的农机服务组织由那些希望共享农业机械的农民组成。其成员共同投资购置农业机械，共同分担固定成本及运营成本，共同使用农业机械，农业机械归合作社所有。无论成员对合作社投资多少，每位成员对合作社的任何决议都拥有一票的表决权。在运行管理体制方面，具有比较严格完善的管理机制体系，成员在入社前就与组织签约了相关条款，明确了规定，因此管理更加规范。

3. 市场化服务比较到位

国外农机服务组织的服务范围广、服务质量高。有专门的人员负责对农机具开展售前、售后服务。会对购买机具者进行销售跟踪，开展服务。会为会员进行产品的广告设计与宣传策划，促进产品销售，树立品质品牌，使得在其行业有良好的发展。

（三）我国农机合作社发展现状

1. 组织和成员数量快速增长

自2007年《农民专业合作社法》实施以来，在行政推动和市场刺激作用下，我国各类农民合作社蓬勃发展，给农村经济注入了一股新鲜血液。农机合作社作为一种重要形式，近年来取得了突飞猛进的发展，组织数量和成员数量快速增长，规模不断变大，形式不断规范。现在，哪里有农业机械化生产，哪里就有各具特色的农机合作社。

2. 服务能力不断增强

农机合作社在打造新型农业社会服务体系中具有"引擎"功能，具备比较强的装备实力、服务能力，在解决"谁来种地"问题上，担当了重要角色，在带动各类经营主体，建设现代农业中，发挥了越来越重要的作用。截至2016年底，全国总体上，农机社会化服务面积超过农机作业面积的三分之二。很多平原地区的县市，仅农机合作社就可承担本地70%以上的农田作业量，帮助众多农户包括家庭农场解决农忙缺劳力的问题，降低了生产成本，同时也显著减少了机械重复购置。

3. 综合实力大幅提升

农机合作社在农业技术集成化、生产手段机械化、生产过程标准化、打通农业技术推广"最后一公里"方面，成为主要载体。据初步统计，新增的高性能机具80%以上的都由农机合作社率先购置并投入使用，农机农艺新技术多数是通过农机合作社先行示范和传播推广。合作社作为先进机械技术、工程技术、农艺技术的集成载体，具有标准化、高效率、低成本应用的特征，显著缩短了技术传播的链条，减少了技术到位率对农业生产者个体素质的依赖。

4. 规模化经营渐显成效

农机合作社以先进生产工具为依托，在适度规模经营中起到了催化剂作用。随着农机合作社服务领域的拓宽和服务范围的不断扩大，经营规模逐步增大，功能不断完善，实现了从机耕、机收向机插、植保等粮食生产全程机械化拓展。同时，合作社之间的联系、协作和优化组合也在加快。合作社内的作业服务、信息服务、技术服务、维修服务等越来越专业化。专业化的分工，扩大了农机经营规模，提高了经营者的专业技术水平和经营效益，促进了农机服务产业化。

5. 经营效益明显提高

农机合作社通过订单作业、农田托管、土地流转、土地股份合作等形式开展规模服务、规模经营，机械作业的高质量、高效率、低成本优势得以发挥，一些农机合作社正在成为既是为小农户及种养大户配套开展农机作业的新型服务主体，又是自身开展农产品种植生产、加工销售的新型经营主体"双主体"，成为以农机服务为主的职业农民。农机合作社日益成为农机社会化服务的主力军，为推动农业增产增效和农民持续增收做出了重要贡献。

当前，我国农民合作社取得了一定的成绩，但是与发达国家相比，还有很大的差距。目前我国农机合作社总体发展水平还不高，正处在建设和发展并重的关键时期。一是各地之间发展还不平衡，区域间差距大；二是数量少、覆盖面小、影响带动力不强；三是规模小、能力弱，服务领域和范围窄；四是运作机制有待完善，部分合作社内部管理不规范、管理水平不高，经营机制不活，发展内在动力不足，经济效益较低；五是人才短缺，特别是带头人少和专业技术人员少的问题比较突出；六是基础设施建设滞后，部分地区扶持力度弱，相关政策难以执行到位等。因此，在推进农机合作社发展中，各地应积极开展宣传教育、示范引导，在财政、金融、税收、科技、人才等方面采取有效措施，切实做好指导、扶持和服务，进一步加强农机合作社的组织建设和发展的各项工作。

第二节 农机合作社的政策扶持

近年来，农机合作社快速发展，在建设现代农业、促进农民增收、建设社会主义新农村中发挥了重要作用，但一些农机合作社规模小、资金不足、人才缺乏、制约了其作用的充分发挥。扶持农机合作社，将其作为国家涉农项目的重要承担主体，既是构建新型农业经营体系、推进农业农村现代化、实现小农户和现代农业发展有机衔接的重要举措，也是我国创新财政支农方式，提高财政支农效率的改革方向。

一、财政扶持

《农民专业合作法》第五十条规定:"中央和地方财政应当分别安排资金,支持农民专业合作社开展信息、培训、农产品质量标准与认证、农业生产基础设施建设、市场营销和技术推广等服务。对民族地区、边远地区和贫困地区的农民专业合作社和生产国家与社会急需的重要农产品的农民专业合作社给予优先扶持。"

自 2003 年起,中央财政每年拿出专项资金,支持农机合作社组织建设与发展,增强合作社的服务能力。中央财政农业机械购置补贴资金逐年持续增加,补贴标准逐步提高,对部分高性能、大马力农机具的单机补贴适当提高了最高限额标准,并进一步突出了补贴的重点。各地也积极出台政策,加大对农机合作社的扶持。2012 年,重庆市出台《关于扶持农机专业合作社发展培育农机作业服务市场主体的通知》(渝农发〔2012〕234 号),市财政每年从农机专项资金中安排农机合作社扶持资金,支持农机合作社购置大中型机具,开展农业机械作业服务。

近年来,农业部还印发了系列关于农机合作社的章程和相关意见,例如《农机合作社示范章程》《关于加快发展农机专业合作社的意见》和《农机合作社维修间建设标准》,每年全国范围内开展农机社会化服务示范建设活动,认定全国农机合作社示范社,且在历年制定的农业机械购置补贴实施方案中,明确规定补贴对象中要向农机合作社等农机服务组织倾斜,这些法规和政策的出台有力地促进了农机合作社和农机服务组织的发展,为农机合作社的发展营造了好的环境和氛围。

二、税收扶持

《农民专业合作社法》第五十二条规定:"农民专业合作社享受国家规定的对农业生产、加工、流通、服务和其他涉农经济活动相应的税收优惠。"农民专业合作社作为独立的农村生产经营组织,可以享受国家现有的支持农业发展的税收优惠政策。

2008年，财政部、国家税务总局印发的《关于农民专业合作社有关税收政策的通知》规定：对农民专业合作社销售本社成员生产的农业产品，视同农业生产者销售自产农业产品免征增值税；增值税一般纳税人从农民专业合作社购进的免税农业产品，可按13%的扣除率计算抵扣增值税进项税额；对农民专业合作社向本社成员销售的农膜、种子、种苗、化肥、农药、农机，免征增值税；对农民专业合作社与本社成员签订的农业产品和农业生产资料购销合同，免征印花税。

目前，国家财税部门规定的支持农业发展的税收优惠政策还有以下几个方面。

在增值税方面规定：①部分农业生产资料免征增值税；②部分饲料产品免征增值税。

在暂免征收企业所得税方面规定：①从事农业服务业务暂免征收企业所得税。②国有农口企事业单位暂免征收企业所得税；③农业产业化国家重点龙头企业暂免征收企业所得税。

在免征营业税方面规定：①从事农业服务业务免征营业税；②转让土地使用权用于农业生产免征营业税。

三、金融扶持

《农民专业合作社法》第五十一条规定："国家政策性金融机构和商业性金融机构应当采取多种形式，为农民专业合作社提供金融服务。"

2008年，中国银行业监督管理委员会印发了《关于银行业金融机构进一步加大支持力度促进农业和粮食生产发展的意见》，要求各银行业金融机构采取有效措施，支持农业和农村经济的发展。主要有三个方面的措施：一是要加大支农信贷投放，确保农业和粮食生产的资金供应。大力发展不需要抵押担保的农户小额信用贷款和农户联保贷款。要把各类符合贷款条件的农民专业合作社纳入重点支持对象，促进农民组织化程度的提高。二是要不断拓展政策性业务范围，有效提升政策性银行的支农功能。三是大力开展担保保险机制创新,努力解决农村贷款难的问题。

依据文件精神,中央和省级财政支持建立农业担保机构,为农民专业合作社贷款提供担保。农业银行、农村信用社等商业性金融机构,采取多种形式为专业合作社提供金融服务。对农民专业合作社降低贷款条件,加大信贷投放力度,优先提供低息和中长期信贷支持,满足贷款需求。在信贷审批、利率标准、信用额度、信贷种类等方面提供方便和优惠政策。

重庆市金融机构相继推出了保险保证贷款、林权抵押贷款、农房及农地抵押贷款等新型信贷产品,帮助农民合作社解决贷款抵押难题,尽可能满足新形势下合作社多元化的资金需求。

四、用地支持

完善合作社生产设施用地和附属设施用地政策,2014年国土资源部、农业部印发了《关于进一步支持设施农业健康发展的通知》,明确包括合作社在内的新型农业经营主体配套设施用地的具体范围。2015年国办印发的《关于推进农村二三产业融合发展的指导意见》提出,在各省(区、市)年度建设用地指标中单列一定比例,专门用于新型农业经营主体进行农产品加工、仓储物流、产地批发市场等辅助设施建设。

返乡下乡人员成立合作社,还可以享受国家支持创新创业方面的优惠政策。2016年国办印发的《关于支持返乡下乡人员创业创新促进农村一二三产业融合发展的意见》(国办发〔2016〕84号)提出,在符合土地利用总体规划的前提下,通过调整存量土地资源,缓解返乡下乡人员创业创新用地难问题。支持返乡下乡人员按照相关用地政策,开展设施农业建设和经营。鼓励返乡下乡人员依法以入股、合作、租赁等形式使用农村集体土地发展农业产业,依法使用农村集体建设用地开展创业创新。各省(区、市)可以根据本地实际,制定管理办法,支持返乡下乡人员依托自有和闲置农房院落发展农家乐。在符合农村宅基地管理规定和相关规划的前提下,允许返乡下乡人员和当地农民合作改建自住房。

县级人民政府可在年度建设用地指标中单列一定比例专门用于返乡下乡人员建设农业配套辅助设施。城乡建设用地增减挂钩政策腾退出的建设用地指标，以及通过农村闲置宅基地整理新增的耕地和建设用地，重点支持返乡下乡人员创业创新。支持返乡下乡人员与农村集体经济组织共建农业物流仓储等设施。鼓励利用"四荒地"（荒山、荒沟、荒丘、荒滩）和厂矿废弃地、砖瓦窑废弃地、道路改线废弃地、闲置校舍、村庄空闲地等用于返乡下乡人员创业创新。农林牧渔业产品初加工项目在确定土地出让底价时可按不低于所在地土地等类别相对应全国工业用地出让最低价标准的70%执行。

五、产业支持

中央强调国家在农业基础设施建设、技术推广等方面的优惠扶持向农民专业合作社倾斜，要把农民专业合作社作为支农项目建设的主体。《农民专业合作社法》第四十九条规定："国家支持发展农业和农村经济的建设项目，可以委托和安排有条件的有关农民专业合作社实施"。

中央各部门实施的各类农业产业项目都将农民专业合作社纳入优先支持范围，并摆出了相应的申报资格条件。2010年农业部、国家发展和改革委员会、科学技术部、财政部等7个部门《关于支持有条件的农民专业合作社承担国家有关涉农项目的意见》指出，农民专业合作社还可以申报并承担国家和地方的农业和农村经济建设项目，同等条件下予以优先安排。国家农业综合开发办公室《关于做好2017年国家农业综合开发产业化发展项目申报工作的通知》，明确以专业大户、家庭农场、农民合作社和涉农企业等为扶持对象，以贴息、补助等方式带动更多的社会资本投入为手段，大力发展农业优势产业。要求加大贴息力度，重点扶持涉农企业、农民合作社等。2017年中办、国办印发《关于加快构建政策体系培育新型农业经营主体的意见》规定，各级财政支持的各类小型项目，优先安排农民合作组织等作为建设管护主体。

此外，为了加大对合作社的指导、扶持和服务力度，推动农机合作社积极申报农业项目，加强项目管理，提升项目实施效果，国家积极支持农机合作社开拓市场，扶持联合收割机跨区作业。农业部于2000年4月发布《联合收割机跨区作业管理暂行办法》，2003年6月发布《联合收割机跨区作业管理办法》。国家对跨区作业机具出台了许多扶持政策。由农业部统一印发《联合收割机跨区作业证》，并免费发放；规定在跨区作业期间，机车凭作业证可以在除高速公路、全封闭汽车专用公路以外的道路上行驶，并免收过桥、过路费。同时明确农机管理部门负责辖区内联合收割机跨区作业组织协调和监督管理，并积极为机手提供跨区作业信息、技术和后勤保障服务等。

第二章 农机合作社创建

第一节 组建条件

农民专业合作社是指在农村家庭承包经营基础上，农产品的生产经营者或者农业生产经营服务的提供者、利用者，自愿联合、民主管理的互助性经济组织。农机合作社主要是以提供农机服务为主的农民专业合作社。

根据《农民专业合作社法》第十二条的规定，设立农机合作社，应当具备五个条件：

1. 有 5 名以上符合规定的成员

成员必须为具有民事行为能力的公民，以及从事与合作社业务直接有关的生产经营活动的企业、事业单位或社会组织，能够利用合作社提供的服务，承认并遵守合作社章程。具有管理公共事务职能的单位不得加入农民专业合作社。成员中，身份为农民的至少应当占成员总数的 80%，另 20% 可以是企业、事业单位或社会组织，也可以是非农民；成员总数 20 人以下的，可以有一个企业、事业单位或社会组织成员；成员总数超过 20 人的，企业、事业单位或社会组织不得超过成员总数的 5%。

2. 有符合法律规定的章程

农机合作社章程是在遵循国家法律法规、政策规定的条件下，由全体成员根据合作社的特点和发展目标制定的，并由全体成员共同遵守的行为准则。每个合作社的章程起草和设立，按农业农村部《农民专业合作社示范章程》内容进行完善。主要内容包括：名称和住所，业务范围，成员资格及入社、退社和除名，成员的权利和义务，组织机构及其产生办法、职权、任期、议事规则，成员的出资方式、出资额，成员出资的转让、继承、担保，财务管理和盈余分配、亏损处理，章程修改程序，解散事由和清算办法，公告事项及发布方式，附加表决权的设立、行使方式和行使范围，需要载明的其他事项等。内容中最主要的是名称、住所、业务范围，理事会成员、理事长、监事会成员与监事长或执行监事的产生方式，应该是推荐选举产生。合作社成立后，可以根据经营情况和实际需要对章程进行修改，但修改程序应召开成员大会，作出修改章程的决议应当由本社成员表决权总数的2/3以上通过。对章程内容修改应到登记机关办理章程变动备案，涉及登记事项发生变化的，还应同时办理变更登记。

3. 有符合《农民专业合作社法》规定的组织机构

合作社的组织机构包括成员大会或者成员代表大会理事长、理事会、执行监事或者监事会。合作社必须设立的法人机关只有两个，一是理事长，二是成员大会，其余法人机关如理事会、理事、监事会、执行监事是否设立，均由合作社根据自己的实际情况决定。

4. 有符合法律、行政法规的名称并且具有章程确定的住所

合作社名称应当由行政区划、字号、行业、组织形式依次组成，且名称中应含有"专业合作社"字样，并符合国家有关企业名称登记管理的规定。如"重庆市梁平区仁贤农机专业合作社"。根据本法规定，设立合作社还应当具有由章程确定的住所，即主要办事机构所在地。在设立合作社时应当明确合作社的住所并应记载在章程中，其他形式的文件不得涉及住所的设定和变更，若需变更住所，应当变更章程的相关规定。

5. 有章程规定的成员出资

合作社依法行使占有、使用和处分的财产，不仅是成员出资，还包括公积金、国家财政直接补助、他人捐赠以及合法取得的其他资产所形成的财产等。这些财产共同构成了合作社的财产，合作社以其对债务承担责任。在合作社成立之初，成员出资是其财产的主要来源。合作社没有法定最低出资额和法定出资额最少到位期限，即出资额数额无下限，到位无期限。但成立合作社，成员必须出资，并由章程规定具体的成员出资数额和成员出资方式。章程在确定成员出资的同时，可以用货币出资，也可以用合作社承认的其他形式出资。合作社成员出资总额和每个成员的出资额不需中介机构验资，注册登记的成员出资总额，每个成员出资额和到位时限以及是现金或实物折价，均由全体成员签字确认。

第二节 组建程序

根据《农民专业合作社法》规定，组建农机合作社，要到市场监督管理部门注册登记才取得法人资格，才能参与民事和经济活动，取得民事权利，确立民事义务。

一、明确发起人，座谈组建的必要性

发起人就是发起并创办合作社的创始人。合作社的发起人可以是自然人，也可以是企业法人。发起人最低限额不得少于5人，并组成筹备小组。自然人作为发起人应具备的条件是：

1. 坚持党的路线、方针、政策，政治素质好，组织能力较强；
2. 在本地区、本行业内有较大的影响力，一般为专业大户；
3. 具有完全民事行为能力；
4. 乐于奉献，有互助合作精神。

在明确发起人的基础上，依托乡村干部，由发起人广泛征求有意愿参加的生产经营农户、农机作业主体等意见。

二、组建筹备委员会，进行可行性分析论证

在开展摸底调查基础上，从有意愿参加的农机服务经营户中讨论推选成立筹备委员会。在合作社组建筹备阶段，主要工作要由筹备委员会来做，其中，可行性分析论证是组建合作社的基础性工作。筹备委员会要对本地区、本行业农民群众对进行互助合作的需求状况、农机生产现状、市场前景、竞争对手等进行认真调查研究，确定所要组建的合作社

的活动和经营范围。参考农业农村部示范章程，结合本社拟经营服务的实际情况，确定业务范围。

三、召开设立大会

设立大会是《农民专业合作社法》对于设立合作社程序上的规定。要求召开由全体设立人参加的设立大会，合作社才可能成立。设立大会由设立人组成。设立人是合作社设立时自愿成为该社成员的人。设立大会作为设立农民专业合作社的重要会议，根据《农民专业合作社法》和《农民专业合作社登记管理条例》，设立大会注意四点：

1. 选择好成员

成员必须是从事农机经营服务的农户、大户和企业等，或者愿意接受农机服务的普通农户、企业等。

2. 座谈、初步商议合作社建立基本事项

包括确定发动哪些成员加入、设置入社条件、主要业务经营范围、名称、每个成员出多少资、用什么方式出资、组织机构设立多少人、推荐理事、理事长、监事、执行监事候选人、办公地点等。

3. 起草合作社章程

根据以上商议意见，参照农业农村部农民专业合作社示范章程，起草合作社章程初稿。

4. 召开设立大会，完善入社手续

（1）正式讨论通过合作社章程。

（2）选举产生合作社理事会理事、理事长，监事会监事或者执行监事。合作社设理事长一名，设理事会，理事长为本社的法定代表人，合作社设执行监事或者监事会。理事长、理事、执行监事或者监事会成员，由成员大会从本社成员中选举产生，依照《农民专业合作社法》和章程的规定行使职权，对成员大会负责。理事长作为合作社的法定代表人，理事会是法人的执行机关。而执行监事或者监事会作为监督机关，合作社可以根据自身的需要决定是否设立执行监事还是监事会。经理可外聘，也可以由理事长或者理事兼任。但是在选举产生上述人员时，理事长、理事、经理和财会人员不得兼任监事；本合作社理事长、理事、经理不得兼任业务性质相同的其他合作社的理事长、理事、监事、经理；执行与合作社业务有关公务的人员，不得担任合作社的理事长、理事、监事、经理或者财务会计人员。

（3）形成设立大会会议纪要。内容包括时间、地点、参加人员、主持人、会议事项等。讨论确认章程、成员出资额、办公地点、选举确认理事、理事长、监事、执行监事数额和人员，聘请经理、会计、出纳。

（4）形成设立大会会议决议。内容包括讨论确认章程，确认每个成员出资额和出资总额，确定办公地点，选举理事、理事长，确定监事、执行监事数额和人员（姓名），聘请的经理、会计、出纳（姓名）以及大会讨论的其他事项。

（5）完善入社手续和登记相关材料及签字手续。所有设立人共要签5次字：①在"农民专业合作社登记（备案）申请书"附表"指定代表或者委托代理人的证明"上签字；②在讨论确认的《章程》上签字；③在讨论确认的会议《纪要》上签字；④在讨论确认的成立大会《决议》上签字；⑤在讨论确认的"合作社出资清单"上签字。

在召开设立大会，完善入社手续过程中，要注意六点：

①成员。具有管理公共事务职能的单位不得加入合作社。发现有不符合规定的，及时调整。

②出资额。成员享有的权利和承担的义务是相对平等的，是基本原则。出资多少由章程约定，防止大户控股（附加表决总票数不得超过基本表决权总票数的20%）。出资总额究竟多少比较合适。出资额大与小，是一把"双刃剑"，登记的出资额大，可以在营业执照上反映出来，在对外签合同时，能够提高合作社"实力"，但出资额不是越大越好，出资额过大的弊病主要是给成员增加了债务风险，法律明确规定，成员以出资和账内记载的公积金份额为限承担有限责任。市场经济条件下难免会出现风险，所以一般应真实地以社员能够实际承担、且愿意承担的出资额为限，确定合作社的出资总额。

③组织机构设置。合作社可以建立理事会，其人数应该是单数，一般3~5人都可以，成员在100人以上的，可以7人；监事会的设置要根据成员的多少来确定，一般20人以内的，可以只设置一个执行监事，20人以上的，可以设立监事会，也是单数，3~5人，监事会人数不要太多。合作社成员总数超过150人时，可以按章程规定设立成员代表大会，原则上代表人数按照每5~8户选择一个代表为宜，如果合作社成员在1000人以上，可以缩小代表所占成员总数比例。

④起草章程。按照农业农村部发布的示范章程进行完善，示范章程大多数条款后面填写都有注解，按照注解修改，基本就能完成，符合注册登记机关审查要求。

⑤开好设立大会。在讨论通过章程时，要逐条解读，对关键的地方要提示，比如出资额的确定、附加表决权的确定等，每一个需要提示设立人注意的地方，最后都由设立人认真思索后确定。在选举理事会、监事会成员时，要充分体现民主，实行无记名投票选举。要确保体现大多数成员意愿。

⑥完善设立登记有关手续。这时合作社就已经正式成立，但还未取得法人主体资格，向市场监督管理部门提供合作社注册登记的相关材料，登记领取营业执照后才取得法人主体资格。

四、注册登记，取得法人资格

农民专业合作社是通过市场监督管理部门依照《农民专业合作社登记管理条例》进行登记，领取营业执照，才可从事围绕成员的生产、加工、销售经营活动。

合作社登记一定是在设立大会召开之后。到市场监督管理机关办理合作社登记，主要程序如下：

1. 正式登记

正式登记时应向登记机关提交的材料包括：（1）"农民专业合作社登记（备案）申请书"；（2）全体设立人签名、盖章的设立大会纪要；

（3）全体设立人签名、盖章的章程；（4）法定代表人、理事的任职文件和身份证明；（5）全体出资成员签名、盖章的出资清单；（6）法定代表人签署的成员名册和成员身份证明复印件；（7）住所使用证明；（8）指定代表或者委托代理人的证明；（9）农民专业合作社申请登记的业务范围中有法律、行政法规或者国务院决定规定必须在登记前报经批准的项目，应当提交有关的许可证书或者批准文件复印件。

正式设立登记提交材料填写须知：

（1）合作社设立申请书。按照样式填好即可。

（2）住所使用证明。合作社以成员自有场所作为住所的，应当提交该社有权使用的证明和场所的产权证明；租用他人场所的，应当提交租赁协议和场所的产权证明；场所在农村没有房管部门颁发的产权证明的，可提交场所所在地村委会出具的证明。填写住所应当标明住所所在区（县）、乡（镇）及村、街道的门牌号码。住所原属经营用房的，可以由村委会或者居委会直接出具证明，证明××的营业用房，经双方协商自愿提供给××单位做办公、经营使用；若原属住宅用房，则需要自行征求利害关系人的同意，并提供相关证明材料。

（3）全体设立人签名、盖章的设立大会纪要。一般应包括会议时间、地点、讨论主要内容和结果。全体设立人要在后面签名确认没有虚假。

（4）全体设立人签名、盖章的章程。按照设立大会通过的章程，形成文字正稿，全体设立人签字确认，登记后将作为合作社以后运行的有效法律凭证。

（5）用《设立大会决议》替代法定代表人，理事任职文件。主要内容包括：什么时候、什么地点召开了成立大会，会上经全体成员表决通过形成了如下决议：一是讨论通过了章程，全体成员承诺严格遵守章程的规定；二是选举产生了理事会、监事会，由×××、×××、×××同志为第一届理事会理事，×××当选为理事长，由×××、×××、×××同志为第一届监事会监事，×××当选为监事长或执行监事。三是通过了×××事项。全体参加会议人员需签名。

（6）法定代表人、理事的身份证明。以上当选的人员身份证复印件即可，其中：一是法定代表人登记表，需要粘贴理事长身份证复印件；二是理事、监事身份证复印件粘贴于身份证明表上。

（7）全体出资成员签名、盖章的出资清单。要求有每个出资人"姓名或名称"、"出资方式""出资额"，必须是本人签名或盖章。这项工作不得弄虚作假，出资的唯一依据就是这张清单，而且是重要法律凭证之一，如果不真实，就会导致合作社的成员不会履行出资承诺，合作社在以后遇到风险时，承诺人要是否认自己承诺过出资，如果签字或盖章不实，经办人将会承担引起的经济、法律责任。

（8）法定代表人签署的成员名册。按照制定的标准格式填表即可。

（9）成员身份证明复印件。农民成员应当提交农业人口户口簿复印件，因地方户籍制度改革等原因不能提交农业人口户口簿复印件的，可以提交居民身份证复印件，以及土地承包经营权证复印件或者村民委员会出具的身份证明；非农民成员应当提交居民身份证复印件；企业、事业单位或者社会组织成员应当提交其登记机关颁发的企业营业执照或者登记证书复印件。

（10）合作社设立时自愿成为该社成员的人为设立人。需设立人或出资成员签名或盖章的，设立人或出资成员为自然人的由本人签名，自然人以外的设立人加盖公章。

（11）经办人为全体设立人指定代表或者委托代理人。指定代表或者委托代理人的证明按照制式表格填写，并将经办人身份证复印件粘贴在证明上，全体设立人要签字。

（12）合作社申请登记的业务范围中有法律、行政法规和国务院规定必须在登记前报经批准的项目，应当提交有关的许可证书或者批准文件复印件。

（13）提交文件、证件复印件、粘贴页粘贴应当使用A4纸。应当使用钢笔、毛笔或签字笔工整地签名和填写表格，表格填写可以打印。粘贴处粘贴不下的，可另备页面粘贴。证件复印件应当注明："与原件一致"并由本人签名或者单位盖章。要特别说明的是，签名人的名字一定要与身份证、户口页复印件的名字一致。

2. 颁证和成立时间确认

（1）颁发营业执照时间。向市场监督管理部门提交的登记申请材料齐全、符合法定形式，登记机关能够当场登记的，应予当场登记，发给营业执照。如不能当场登记的，市场监督管理部门应当自受理申请之日起 20 日内，发给营业执照；如不予登记的，应当给予书面答复，并说明理由。登记机关办理合作社或合作社分支机构登记不收费。

（2）合作社成立时间确认。营业执照核准日期为农民专业合作社成立日期。营业执照正本和副本具有同等法律效力。营业执照正本应当置于农民专业合作社住所的醒目位置。营业执照遗失或者毁坏的，农民专业合作社应当申请补领。

任何单位和个人不得伪造、变造、出租、出借、转让营业执照。

合作社的登记文书格式以及营业执照的正本、副本样式，由国家市场监督管理部门制订。

市场监督管理部门颁发营业执照之日起 1 个月内及时雕刻公章和财务章、到金融部门办理开户等。

五、合作社分支机构

合作社可以设立分支机构，并比照设立合作社登记的规定，向分支机构所在地登记机关申请办理登记。办理登记时，需要提供以下材料：①"农民专业合作社分支机构登记（备案）申请书"；②加盖农民专业合作社印章的营业执照复印件；③经营场所使用证明；④分支机构负责人的任职文件；⑤法定代表人指定代表或者委托代理人的证明；⑥农民专业合作社分支机构申请登记的业务范围中有法律、行政法规或者国务院决定规定必须在登记前报经批准的项目，还应当提交有关的批准文件。

农机合作社分支机构不具有法人资格。农机合作社分支机构有违法行为的，与合作社一样进行处罚。

六、合作社涉及登记违法应承担的法律责任

一是提交虚假材料或者采取其他欺诈手段取得合作社登记的，由登记机关责令改正，可以处五千元以下罚款；情节严重的，撤销登记或者吊销营业执照。

二是合作社有下列行为之一的，由登记机关责令改正，情节严重的，吊销营业执照：①登记事项发生变更，未申请变更登记的；②因成员发生变更，使农民成员低于法定比例满6个月的；③从事业务范围以外的经营活动的；④变造、出租、出借、转让营业执照的。

三是合作社有下列行为之一的，由登记机关责令改正：①未依法将修改后的成员名册报送登记机关备案的；②未依法将修改后的章程或者章程修正案报送登记机关备案的。

四是登记机关涉及登记的违法责任：登记机关对不符合规定条件的合作社登记申请予以登记，或者对符合规定条件的登记申请不予登记的，对直接负责的主管人员和其他直接责任人员，依法给予处分。

第三节 合并分立

一、合并

（一）合并及其特点

农机合作社的合并，是指两个或者两个以上的农机合作社，通过订立合并协议，依据法律、法规规定，组成一个新的农机合作社的法律行为。其特点：

1. 合并是合作社之间共同的法律行为

合作社合并以合作社订立合并协议为基础，由准备合并的各方的法

定代表人以各自合作社的名义，就合作事宜达成协议，并依据该协议进行合作社的合并。

2. 合作社合并是一种民事法律行为

合并各方法律地位平等，是否合并由拟合并的合作社自行决定，任何单位和个人不得干预。合并中，任何一方不能强迫另一方同自己合并，否则，其合并无效。

3. 合作社合并并不是取消社员资格的合并

农机合作社合并以后，原合作社的社员仍然存在。除非社员自己退出，社员资格一般仍然存在。

(二) 合并方式

农机合作社合并一般有吸收合并和新设合并两种形式。吸收合并是指两个或两个以上的农机合作社合并时，合并一方并入另一方的法律行为。合并后，被并入一方的合作社法人资格自行解散，并到注册登记部门办理注销登记。并入一方，应当于合并后到注册登记部门办理变更登记。

新设合并是指两个或者两个以上的农机合作社组合成为一个新的农机合作社的法律行为。这种合并方式，则原来的合并各方均失去法人资格，并到注册登记部门办理注销登记。新设立的合作社到注册登记部门办理设立登记手续，取得法人资格。需要说明的是，新设立的合作社必须满足法律规定的设立登记条件。

(三) 合并程序

农机合作社的合并涉及合作社及其成员和债权人的利益，应当依法进行，基本程序是：

1. 做出合并决议

合并各方需经过各合作社的权力机构——成员大会作出合并决议。

2. 通知债权人

农机合作社合并应当自合并决议做出之日起十日内通知债权人。合并各方的债权、债务应当由合并后存续或者新设的组织承继。

3. 签订合并协议

合作社合并各方就有关合并的事项达成协议，合并协议应当采取书面形式，并由合并各方在协议上签名、盖章。

二、分立

(一) 分立及其特点

农机合作社分立是指一个农机合作社依据法律、法规和章程等规定，分成两个或两个以上的农机合作社的法律行为。其特点有：

1. 分立是合作社本身的行为。合作社分立是合作社内部事务，任何单位和个人不得干预。分立需经合作社成员大会决定。

2. 分立是依法进行的法律行为。合作社分立要依照合作社章程及有关的法律、法规的规定进行。

3. 分立是合作社变更的一种特殊形式。

(二) 分立的形式

主要有新设分立和派生分立两种形式。

新设分立是指将原来的一个合作社依法分割成两个或者两个以上新的合作社的法律行为。新设分立，原来的合作社法人资格消灭，并办理注销登记。分立后的合作社，应当在符合合作社设立的法定条件下，办理设立登记手续。

派生分立是指原来农民专业社仍然存在，但对其财产进行相应分割，另外成立一个新合作社的法律行为。原合作社应办理相应变更登记，新成立的合作社按照法定条件办理设立登记。

(三) 分立程序

农民专业合作社分立的程序与合并的程序基本相同。主要包括：

1. 由成员大会依据法律规定作出分立决议。

2. 通知债权人。合作社分立，其财产作相应的分割，并应当自分立决议作出之日起十日内通知债权人。分立前的债务由分立后的组织承担连带责任。但是，在分立前与债权人就债务清偿达成的书面协议，另有约定的除外。

3. 签订分立协议。
4. 进行财产分割。包括对合作社债权、债务的分割。
5. 办理合作社分立登记。

三、合作社变更登记、注销登记程序

(一) 合作社变更登记

1. 合作社成立并取得营业执照后，其名称、住所、成员出资总额、业务范围、法定代表人姓名发生变更的

应当自做出变更决定之日起30日内向原登记机关申请变更登记，并提交相关文件：(1) 农民专业合作社登记 (备案) 申请书；(2) 成员大会或者成员代表大会作出的变更决议；(3) 法定代表人签署的修改后的章程或者章程修正案；(4) 农民专业合作社变更住所的，应当提交新的住所使用证明；(5) 农民专业合作社变更成员出资总额的，还应当提交全体出资成员签名或盖章、法定代表人签署的修改后的"农民专业合作社成员出资清单"；(6) 农民专业合作社变更业务范围涉及法律、行政法规或者国务院决定规定须经批准的项目的，还应当提交有关许可证或者批准文件；(7) 农民专业合作社变更法定代表人姓名的，还应当提交拟任法定代表人签名的"法定代表人信息"；(8) 农机合作社营业执照正、副本。

2. 合作社变更业务范围涉及法律、行政法规或者国务院规定须经批准的项目的

应当自批准之日起30日内申请变更登记，并提交有关批准文件。

合作社的业务范围属于法律、行政法规或者国务院规定在登记前须经批准的项目有下列情形之一的，应当自事由发生之日起30日内申请变更登记或者依照本条例的规定办理注销登记：(1) 许可证或者其他批准文件被吊销、撤销的；(2) 许可证或者其他批准文件有效期届满的。(3) 合作社成员发生变更的。应当自本财务年度终了之日起30日内，

将法定代表人签署的修改后的成员名册报送登记机关备案。其中，新成员入社的还应当提交新成员的身份证明(农民成员提供户口页)。合作社因成员发生变更，使农民成员低于法定比例(80%)的，应当自事由发生之日起6个月内采取吸收新农民成员入社等方式使农民成员达到法定比例。（4）合作社修改章程未涉及登记事项的。应当自做出修改决定之日起30日内，将法定代表人签署的修改后的章程或者章程修正案报送登记机关备案。变更登记事项涉及营业执照变更的，由登记机关换发营业执照。

(二) 合作社注销登记

成立清算组的合作社应当自清算结束之日起30日内，由清算组全体成员指定的代表或者委托的代理人向原登记机关申请注销登记，并提交相关文件：

1. 农民专业合作社登记（备案）申请书。

2. 成员大会或者成员代表大会依法作出的解散决议，或农民专业合作社依法被吊销营业执照或者被撤销的文件，或人民法院的破产裁定、解散裁判文书。

3. 成员大会、成员代表大会或者人民法院确认的清算报告。

4. 营业执照正、副本。

5. 清算组刊登公告的报纸或其复印件（依法免除公告义务或通过国家企业信用信息公示系统公告的不提交）、清算组全体成员签署的《指定代表或者委托代理人的证明》。

6. 清算组成员和负责人产生的文件及名单。

7. 因合并、分立而解散的农民专业合作社申请注销登记还应当提交：(1)法定代表人签署的《农民专业合作社登记（备案）申请书》；(2)成员大会或者成员代表大会依法作出的解散决议、成员大会或者成员代表大会做出的债务清偿或者债务担保情况的说明、营业执照、法定代表人签署的《指定代表或者委托代理人的证明》。

8. 有分支机构的农民专业合作社申请注销登记，还应当提交分支机构的注销登记证明。

因合并、分立而解散的合作社，应当自做出解散决议之日起30日内，向原登记机关申请注销登记，并提交法定代表人签署的注销登记申请书、成员大会或者成员代表大会做出的解散决议以及债务清偿或者债务担保情况的说明、营业执照和法定代表人指定代表或者委托代理人的证明。

经登记机关注销登记，合作社终止。

第四节　解散和清算

一、解散

农机合作社解散是指合作社因发生法律规定的解散事由而停止业务活动，最终使法人资格消灭的法律行为。根据法律规定，解散的事由主要有四类：一是章程规定的解散事由出现。二是成员大会决议解散。三是因合并或者分立需要解散。四是依法被吊销营业执照或者被撤销。

农机合作社一经解散即不能再以合作社的名义从事经营活动，并应当进行清算。

二、清算

农机合作社的清算是指合作社解散后，依照法定程序清理合作社债权债务，处理合作社剩余财产，使合作社归于消灭的法律行为。清算的目的是为了保护合作社成员和债权人利益，除合作社合并、分立两种情形外，合作社解散后都应当进行清算。清算分为解散清算和破产清算。清算程序如下：

1.通知、公告合作社成员和债权人

《农民专业合作社法》第五十条规定，农民专业合作社清算时，清算组应当自成立之日起10日内通知农民专业合作社成员和债权人，并于 60 日内在报纸上公告。债权人应当自接到通知之日起 30 日内,未接到通知的自公告之日起 45 日内,向清算组申报债权。如果在规定期间内全部成员、债权人均已收到通知,免除清算组的公告义务。

2. 制定清算方案

清算方案包括清偿农机合作社员工的工资和社会保险费用、清偿所欠税款和其他各项债务以及分配剩余财产等。清算方案由清算组制定后,应报成员大会通过或申请人民法院确认。

3. 实施清算方案

清算方案经农机合作社成员大会通过或者申请人民法院确认后实施。清算方案的实施必须在支付清算费用、清偿员工工资及社会保险费用、清偿所欠税款和其他各项债务后,再按财产分配的规定向成员分配剩余财产。如果发现合作社财产不足以清偿到期债务的,应当依法向人民法院申请破产。农机合作社破产适用企业破产法的有关规定。

4. 办理注销登记

清算组到注册登记机关办理合作社的注销登记手续后,自行解散,不得再以合作社清算组的名义进行活动。

第五节 联合社和示范社

一、联合社

三个以上的农机合作社在自愿的基础上,依照农民合作社法登记,取得法人资格,领取营业执照,登记类型为农民专业合作社联合社。农机合作社联合社应当有自己的名称、组织机构和住所,由联合社全体成员制定并承认的章程,以及符合章程规定的成员出资。农机合作社以其全部财产对该社的债务承担责任;农机合作社联合社的成员以其出资额为限对农机合作社联合社承担责任。

农机合作社联合社应当设立由全体成员参加的成员大会，其职权包括修改农机合作社联合社章程，选举和罢免农机合作社联合社理事长、理事和监事，决定农机合作社联合社的经营方案及盈余分配，决定对外投资和担保方案等重大事项。

农机合作社联合社不设成员代表大会，可以根据需要设立理事会、监事会或者执行监事。理事长、理事应当由成员社选派的人员担任。

二、示范社创建

（一）国家级示范社

1. 条件

（1）依法登记设立。①依照《农民专业合作社法》登记设立，运行2年以上。②有固定的办公场所和独立的银行账号。③根据本社实际情况并参照农业农村部《农民专业合作社示范章程》《农民专业合作社联合社示范章程》，制订章程。

（2）是实行民主管理。①成员（代表）大会、理事会、监事会等组织机构健全，运转有效，各自职责和作用得到充分发挥。依法设立成员代表大会的，成员代表人数一般为成员总人数的10%，最低人数为51人。②有完善的财务管理、社务公开、议事决策记录等制度。③每年至少召开一次成员大会并对所议事项的决定作成会议记录，所有出席成员在会议记录或会议签到簿上签名。④成员大会选举和表决实行一人一票制；采取一人一票制加附加表决权的办法，附加表决权总票数不超过本社成员基本表决权总票数的20%。

（3）财务管理规范。①配备必要的会计人员，按照财政部制定的相关财务会计制度规定，设置会计账簿，编制会计报表，或委托有关代理记账机构代理记账、核算。财务会计人员不得兼任监事。农民用水合作组织制定明确的水费征收和使用管理制度，资金、经营管理规范，用水经费使用公开透明。②成员账户健全，成员的出资额、公积金量化份额、与本社的交易量（额）和返还盈余等记录准确清楚。③可分配盈余主要按照成员与本社的交易量（额）比例返还，返还总额不低于可分配盈余的60%。④国家财政直接补助形成的财产平均量化到成员账户。

（4）经济实力较强。①农民合作社成员出资总额100万元以上，联合社成员出资总额300万元以上。②农民合作社固定资产：东部地区150万元以上，中部地区100万元以上，西部地区50万元以上。联合社固定资产：东部地区400万元以上，中部地区300万元以上，西部地区100万元以上。③农民合作社年经营收入：东部地区400万元以上，中部地区300万元以上，西部地区150万元以上。联合社年经营收入：东部地区700万元以上，中部地区500万元以上，西部地区300万元以上。林业合作社以近两年经营收入的平均数计算年经营收入。④农民用水合作组织规模：农民用水户达到100户以上，管理有效灌溉面积500亩以上。

（5）服务成效明显。①坚持服务成员的宗旨，农民成员占成员总数的80%以上。②从事一般种养业合作社成员数量达到100人以上，从事特色农林种养业、牧民合作社的成员数量可适当放宽。企业、事业单位和社会组织成员不超过成员总数的5%。联合社的成员社数量达到5个以上。③农民用水合作组织在工程维护、分水配水、水费计收等方面成效明显，农业用水秩序良好。

（6）产品（服务）质量优。①实行标准化生产（服务），有生产（服务）技术操作规程，建立农产品生产记录，采用现代信息技术手段采集、留存生产（服务）记录、购销记录等生产经营（服务）信息。②严格执行农药使用安全间隔期、兽药休药期等规定，生产的农产品符合农产品质量安全强制性标准等有关要求。鼓励农民合作社建立农产品质量安全追溯和食用农产品合格证等制度。

（7）社会声誉良好。①遵纪守法，社风清明，诚实守信，在当地影响大、示范带动作用强。②没有发生生产（质量）安全事故、环境污染、损害成员利益等严重事件，没有行业通报批评等造成不良社会影响，无不良信用记录。③按时报送年度报告并进行公示，没有被列入经营异常名录。④没有被有关部门列入失信名单。

2. 程序

一是符合申报条件的农机合作社向所在地的区县农业农村行政主管部门及其他业务主管部门提出书面申请，并由农业农村行政主管部门组织合作社通过国家农民合作社示范社管理系统填报。

二是区县农业农村行政主管部门会同水利、林业、供销社等部门和单位，对申报材料进行真实性审查，征求发改、财政、税务、市场监管、银行保险监管、地方金融等部门意见，向市级农业农村主管部门推荐。

三是市级农业农村主管部门分别征求发改、财政、水利、市场监管、银行保险监管、地方金融监管、林业、供销社等部门和单位意见，并进行公示。经公示无异议的，市级农业农村主管部门以正式文件向全国联席会议办公室推荐。

（二）市级示范社

1. 条件

（1）农民专业合作社有独立的银行账户，实行独立会计核算，有专（兼）职的财会人员。

（2）档案管理规范，有健全的成员登记簿、会议记录簿、产品物资购销登记簿。

（3）农民专业合作社规模较大，成员在 60 户以上，带动农户 100 户以上。农民专业合作社年产值（销售额）在 300 万元以上，产品进入中心城区市场或跨区域销售。

（4）农民专业合作社有健全的服务设施，至少开展了三项以上为成员统一服务，其中：农民专业合作社成员主要生产资料统一购买率达到 50% 以上，主产品统一销售率达到 50% 以上。

（5）农民专业合作社成员的标准化生产率较高。成员按照《农产品质量安全法》和《食品安全法》规定，制定生产技术操作规程，建立完整的生产记录制度，已取得（或正申报）无公害农产品（产地）或以上认证，产品有注册商标或取得品牌认证。

（6）民主管理落到实处。农民专业合作社定期召开社员（代表）大会，讨论农民专业合作社的重大事项，并有详细记录。农民专业合作社依法建立理事会、监事会或执行监事,重大事项实行民主决策,各项管理制度运行较好。

(7)农民专业合作社为全体成员建立了完整的个人账户,成员出资、公积金份额、与农民专业合作社交易情况等产权资料记录准确无误。农民专业合作社建立了良好的内部积累和风险保障机制。

(8)农民专业合作社在当地享有良好的社会声誉,社员评价认可度高。农户成员人均收入比当地未参加农民专业合作社农户高20%以上。

2. 程序

(1)符合条件的农民专业合作社向所在地的区县农业农村行政主管部门提出书面申请。水利、林业、供销指导本系统领办或创办的农民专业合作社申请。

(2)区县农业农村行政主管部门会同水利、林业、供销社等部门和单位,对申报材料进行真实性审查,征求发改、财政、税务、市场监管、银保监等单位意见,对拟推荐的市级示范社进行公示。经公示无异议后,按照市级示范社分配名额,以正式文件向市农业农村行政主管部门(市级部门联席会办公室)等额推荐,并附审核意见和相关材料,同时报市级有关行业业务主管部门备案。

第三章 运营管理

第一节 法人治理

法人治理是农机合作社运营管理中的重要环节，反映合作社内部利益相关方之间的关系。通过设置与日常运营相适应的组织体制和管理机构，农机合作社能正常履行管理决策职能，从而有效运作起来。

一、机构设置及职能

农机合作社通常设有以下机构：成员大会、成员代表大会、理事长或理事会、执行监事或监事会、经理等。以上机构设置非强制性规定，各农机合作社可视自身实际规模不同，设立符合经营需要的组织机构，并写入农机合作社章程，明确机构设置和职能职责。

（一）成员大会

农机合作社成员大会由合作社全体成员组成，是合作社的权力机关。合作社全体成员均享有表决权。当合作社有重大事项需要决议时，必须召开成员大会（出席人数应该达到全部成员三分之二及以上）投票表决。

法律规定成员大会的职权主要有：

1. 修改章程。需要由超过总数三分之二的本社成员表决通过，才能修改农机合作社章程。

2. 选举和罢免理事长、理事、执行监事或者监事会成员。

3. 决定重大财产处置、对外投资、对外担保和生产经营中的其他重大事项。

4. 批准年度业务报告、盈余分配方案、亏损处理方案。

5. 对合并、分立、解散、清算作出决议。

6. 决定聘用经营管理人员和专业技术人员的数量、资格和任期。

7. 听取理事长或者理事会关于成员变动情况的报告。

8. 章程规定的其他职权。

各合作社应视自身情况，在农机合作社章程中规定定期召开成员大会的次数，但每年应至少召开一次成员大会。

除此之外，合作社可以在出现下列三种情况之一时，于20日内召开临时成员大会：一是30%以上的成员提议；二是执行监事或者监事会提议；三是章程规定的其他情形。

（二）成员代表大会

成员代表大会是成员大会的代表机构，由农机合作社全体成员的代表组成。当且仅当合作社成员超过150人时，才能设立成员代表大会。与之相关的产生办法、任期、职权等事项，由农机合作社章程规定。

（三）理事长或理事会

理事长或理事会是农机合作社的执行机构，负责管理合作社的日常经营业务，由理事长为法定代表人。理事长、理事会由成员大会从本社成员中选举产生，并对成员大会或成员代表大会负责。

理事会的职权通常有：

1. 组织召开成员大会并报告工作，执行成员大会决议。

2. 制定合作社发展规划、年度业务经营计划、内部管理规章制度等，提交成员大会审议。

3. 制定年度财务预决算、盈余分配和亏损弥补等方案，提交成员大会审议。

4. 组织开展成员培训和各种协作活动。

5. 管理本社的资产和财务，保障本社的财产安全。

6. 接受、答复、处理执行监事或监事会提出的有关质询和建议。

7. 决定成员入社、退社、继承、除名、奖励、处分等事项。

8. 决定聘任或解聘本社经理、财务会计人员和其他专业技术人员。

9. 履行成员大会授予的其他职权。

每个合作社必须设理事长，但可不设立理事会。

（四）执行监事或监事会

执行监事或监事会是农机合作社的监督机构，由成员大会从本社成员中选举产生，对成员大会负责。

执行监事或监事会的职权通常包括：

1. 监督、检查合作社财务状况。
2. 监督合作社管理人的职务行为。
3. 提议召开临时成员大会。

合作社是否设立执行监事或监事会无强制规定，但执行监事或监事会二者只能选择设置其一，并在合作社章程中作具体规定。若合作社选择不设执行监事或监事会，则由成员大会执行监督权力。

（五）经理

经理是理事会（理事长）的业务辅助执行机构，由理事长或理事会决定聘用或解聘，对理事长或理事会负责，负责合作社日常经营管理工作。合作社视自身规模和发展需求决定是否聘任经理，若不聘任经理，则由理事长兼任。

经理主要有以下三个方面的职责：

1. 履行法人代表职责。
2. 制定合作社的发展战略和规划。
3. 实施成员大会决策。

（六）其他管理和工作人员

农机合作社可根据经营管理需要，设立必要工作机构，选配或聘用管理和工作人员，如会计、技术服务、运销、加工等，可以直接从合作社成员中选择，也可以对外聘用。

二、法定代表人的素质要求

农机合作社的理事长，即为合作社的法定代表人。法定代表人对内负责组织和领导农机合作社的生产经营活动，对外代表合作社全权处理一切民事活动。

成员大会应综合考虑理事长候选人的职业素质，推举具备良好的思想政治素质、科学文化素质、身心素质与专业技能素质的候选人作为农机合作社理事长，履行法定代表人的职责。

（一）思想政治素质

法定代表人应具备正确的政治立场和扎实的政治理论基础，坚决拥护中国共产党的正确领导，系统学习中国特色社会主义理论体系相关知识。

（二）科学文化素质

科学文化素质是人获得技术、技能的基础。农机合作社法定代表人应具备的科学文化素质包括一定水平的自然科学知识和社会科学知识。只有具有较高科学文化素质的法定代表人才能顺利开展合作社的生产经营管理活动，保证农机合作社的良好运转。

（三）身心素质

农机合作社的法定代表人应具有正确的道德观和较高的道德水平，通常从公民道德和职业道德两方面进行考量。

（四）专业技能素质

较高的专业技能素质是对法定代表人必不可少的素质要求。合格的法定代表人除了掌握系统的管理学理论知识外，还应具备对口的专业技能知识和较高的职业技能，如农业机械操作、维修、保养等，从而能掌握农机合作社生产的各个环节，及时发现和解决问题。

三、任职回避

为保障农机合作社全体成员的利益，促使在任理事长、理事、经理及有关公务人员等合法、合理履行职责，应明确合作社管理人员任职回避制度。

农机合作社的理事长、理事、经理不得兼任业务性质相同的其他合作社的理事长、理事、经理。与农机合作社业务有关的国家公务员和各级政府相关工作人员不得担任农机合作社的理事长、理事、经理及财务人员。

第二节 生产管理

一、制定生产计划

制定生产计划是农机合作社生产经营活动的起点。通过编制计划、组织计划执行以及及时检查计划执行进度，能合理组织、协调生产任务，确保生产计划的顺利完成。

（一）机械作业计划

机械作业计划，即根据合作社生产计划和技术要求，在充分运用现有农业机械的前提下分配和落实机械作业任务，分为年度计划和阶段计划。年度计划是对农机合作社全年作业任务的总要求。阶段计划是在年度计划的基础上，参照机组状况、生产条件和作业任务等变化因素按农时季节制定的具体计划。

制定机械作业计划的过程如下（以年度计划为例）：

根据生产单位的种植计划和农业技术要求确定年度作业任务。

根据作业任务的性质对任务进行分配，确定机械作业任务。

根据机械作业技术要求和数量要求为作业任务合理配备机组，拟定详细的机组作业进度规划，向各机组分配作业任务。

（二）机具维护保养计划

合理的机具维护保养计划有助于及时提供机具维护所需物资和技术支持，保证机具维护水平。

合作社应根据农业机械计划工作量、维护周期和最近一次维护后累计损耗，按照年度、季度和月份制定详细的技术维护号别、维护次数及分布情况等方面组织相关物资和技术力量，合理安排农业机具维护保养计划。

（三）油料计划

油料计划即对主燃料和润滑油的规格和数量进行统筹安排，确保能及时供应油料，保证生产作业正常进行。

主燃油计算公式如下：

$$G=UQ \times [1+(0.1\sim0.15)]$$

式中：U——计划作业量（小时或标准公顷）

Q——耗油量定额（千克/小时或千克/标准公顷）

式中的 0.1~0.15 为临时增加需要的储备量系数。

润滑油的需要量一般按主燃油消耗量的百分比计算确定，柴油机机油占主燃油耗量的 3%~5%；润滑脂和齿轮油各占主燃油耗量的 0.5%；汽油机机油占主燃油耗量的 4%。

需要注意的是，油料需要量除机械作业消耗外，还应把维护修理和试运转等用油量包括在内。

（四）备件及材料计划

为了保证充分供应农业机具在日常工作和维护保养时所必需的备件和材料，同时避免积压，需要制定备件及材料计划。

首先，收集各项备件及材料的历年资料，了解农机合作社的修复能力、消耗定额及库存量。然后，根据机具维护保养计划，按照各项备件和材料的消耗定额，参照历年消耗数据，制定本年度的备件及材料计划。

备件及材料计划中应分别列出各项备件及材料的品名、型号、规格、数量及供货时间，注明单价及总价，便于及时调配物资。

二、选配农业机械

农机专业合作社应依照适用性、经济性、配套性、标准化、安全性、企业信誉的原则挑选合适的农业机械，用以开展作业任务。

（一）农机购置补贴政策操作程序

农机购置补贴政策是我国支农惠农的重要举措，与农机合作社选购机具息息相关。农机合作社在选购农机具前，应详细了解当地农机购置补贴政策，优先选购享受农机购置补贴的农机具，以减少农机具采购成本，提高经济效益。

农机购置补贴申请程序如下：

1. 购机人携带购机发票、购买者（组织、个人）身份有效证件到当地镇、街农业服务中心申请补贴，或直接在手机 App 上自主申请。

2. 购机人携带银行存折（卡）到当地镇、街农业服务中心面签资金申请表、登记银行存折（卡）。

3. 相关工作人员进行机具核验。

4. 镇、街农业服务中心对机具核验通过的补贴申请进行初审。

5. 区（县）农机化主管部门对镇、街初审通过的补贴申请进行审核，审核通过进入公示。

6. 区（县）财政部门对公示的补贴申请进行审核确认，兑付资金（直补到购机人银行账户）。

（二）农机具的选配

农机具的选配包括选型和配备。

1. 农机具的选型

农机具的选型，即根据确定的农业机械化项目和机械化程度为农业生产选择最优的技术装备。

农业机械的选型应综合考虑适应性、生产性、经济性、可靠性和安全性因素。

2. 农机具的配备

农机具配备就是依据给定的机械化作业项目及作业量，确定各型农机具的品种和数量。

农机具配备过程如下：

搜集有关数据资料→确定机具作业任务→选择机具型号→确定机具配备数量→所配机具的技术经济性指标计算及评价

农机合作社应按照上述步骤确定多种方案，再通过技术经济指标的计算和比较，选择效益最优方案。

三、组织实施作业

（一）单项农机作业组织实施

单项农机作业组织实施是指针对一项完整的作业项目所进行的工作过程，包括作业方法的制定、农艺要求、机具和田间准备、行走路线的确定、机具运输等各项方案的落实。

（二）跨区作业组织实施

跨区作业组织实施是指驾驶操作各类农业机械跨越县级以上行政区域进行农田作业的活动，包括耕整、栽植、植保和农业工程等。

（三）组织实施农机作业的注意事项

1. 实地考察作业条件

在开展作业前，合作社相关人员应实地考察作业条件，了解作业地块、道路、作物情况等，判断本社的农业机械能否在该地实施作业。

2. 签订作业合同

在实施作业前，应签订农机作业合同，约定具体作业事项，以防在作业过程中发生纠纷时无据可依。如发生合同纠纷且协商未果，可请求有关部门调解，仍无法解决纠纷的，可以选择走法律途径维护自己的正当权益。

3. 提高机手专业技术水平

机手应事先经过专业技术培训，能熟练操作农业机械进行作业，保质保量完成作业任务。同时，机手应具备一定的维修技能，以便农业机械在作业时突发故障能及时处理，避免耽误作业时间。

4. 注重服务态度

农机专业合作社对外提供作业服务时，不仅要保证作业质量，还应注重服务品质。管理人员与客户对接时、机手开展作业服务时，应注意服务态度，确保客户满意。

5. 保证安全

机手要树立"安全第一"的思想。运输、操作农业机械时要小心谨慎,严禁酒后驾驶等危险行为。

四、安全生产作业

为了保障农机作业安全,避免集体和机手个人的人身、财产损失,农机专业合作社应加强安全生产管理,严格按照《农业机械安全监督管理条例》规定开展安全管理工作。

(一)拖拉机作业安全

1. 作业前的准备工作

(1)做好"五净"。

①燃油净。目前大部分农业机械的发动机都是柴油机,因此柴油的净化工作很重要。

②润滑油净。更换与气温相适应的机油和齿轮油。机油过滤器的过滤芯要定期清洗,转子式的过滤器在转子内壁贴一层宽窄长短合适的牛皮纸,便于在离心作用下吸附污垢。

③空气净。为了保证进入气缸的空气干净,必须对空气滤清器加强检查,定期清洗。

④冷却水净。发动机冷却系统属开放式的,冷却水最好用软水,即雪、雨水或经处理的自来水和洁净的井水等,冷却系统清洗时按水容积的比例加 1% 的烧碱和 0.5% 的煤油。

⑤机体净。清除拖拉机各处的泥土、灰尘、油污,避免农机长时间闲置带来的零部件间松动和涩滞,以确保机具以良好的技术状态投入作业;清洗油箱滤网、清洗(或更换)柴油滤清器,保养空气滤清器。

(2)做好"六查"。

①检查各处零部件是否松动,特别是行走部分及各易松动部位要重新紧固一遍。

②检查转向、离合、制动等操纵装置及灯光是否可靠。

③检查三角皮带的紧度是否合适。

④检查各排气孔是否畅通,如有堵塞将其疏通。

⑤检查气门间隙、供油时间、喷油质量。

⑥检查发动机、底盘等各处有无异常现象和不正常的响声，有无过热、漏油、漏水等现象，并及时排除。

2.作业时的注意事项

（1）严格遵守交通安全法规，自觉服从安全监理人员的检查和指挥。

（2）新的或大修后的拖拉机，不经试运转不允许投入负荷作业。

（3）严格执行维护操作规程，减少故障的发生，拖拉机不能带病作业，要随时注意水温情况，必须要在停车熄火后才能对拖拉机进行维护。

（4）应先减小发动机油门，再踩下主离合器踏板，然后逐渐踩下行驶制动器操纵踏板，使拖拉机平稳停住。紧急制动时，应同时踩下主离合器踏板和行驶制动器操纵踏板。

（5）道路上行驶时，一定要把左右制动器踏板联锁起来。拖拉机在坡上停车，应等发动机熄火后，在松开行驶制动踏板前先挂上挡，上坡时挂前进挡，下坡时挂倒挡。

（6）通过田埂或水沟水渠时，应在切断旋耕机等机具动力后，再低速小油门缓慢通过。如遇高的田埂或宽深的水沟水渠，要事先挖低填平或搭桥后，确认安全再通过，以防止农机事故的发生。

（7）转弯调头时，拖拉机速度要慢，否则，可能会导致翻车事故。

（8）旋耕作业时，如果采用乘坐尾轮踏板协助转向时，转向角度不宜过大，以防止驾驶员的脚与旋耕机犁刀相碰而受伤。

（9）如果发生陷车，不要加大油门猛冲，应挖出车轮下的泥浆，垫铺木板或石块，然后开出。

（10）如果旋耕机的犁刀轴被田间绿肥或杂物缠绕，应在发动机熄火的情况下清除，以防事故的发生。

（二）联合收割机作业安全

1.作业要点

（1）正确选择作业速度。若是处于平坦、杂草较少的地块时，可以适当提高收割机的速度；小麦在乳熟后期或蜡熟初期时，其湿度较大，在收割时，前进速度要选择低些，小麦在蜡熟期或蜡熟后期时，湿度较小并且成熟均匀，前进速度可以适当选择高一些。雨后或早晚露水大，小麦秸秆湿度大，在收割时前进速度要选择低一些。

（2）收割幅宽大小要适当。在收割机技术状态完好的情况下，尽可能进行满负荷作业，割幅掌握在割台宽度90%为好，但喂入量不能超过规定的许可值，在作业时不能有漏割现象。

（3）合理选择作业时的行走方法。联合收割机作业时的行走方法有三种：顺时针向心回转法、反时针向心回转法、菱形收割法。通常采用的是菱形收割法。采用此法时，地头上的作物可以用人工割去，以利于联合收割机地头转弯。在具体作业时，操作手应根据地块实际情况灵活选用。总的原则是：一要卸粮方便、快捷。二要尽量减少机车空行。

（4）收割机作业时应保持直线行驶，允许微量纠正方向。在转弯时一定要停止收割，采用倒车法转弯或兜圈法直角转弯，不可图快边割边转弯，否则收割机分禾器会将未割的麦子压倒，造成漏割损失。

2. 安全作业要求

（1）操作人员必须携带农机安全监理部门核发的联合收割机号牌、行驶证、驾驶证，方可驾驶联合收割机。严禁无证驾机或驾驶证与准驾机型不符的情况发生。

（2）联合收割机起步前应当将变速杆、动力输出轴操纵手柄置于空挡位置；起步时，应当鸣笛或者发出信号。

（3）作业中，禁止任何人靠近机械，不可清理或调整机械；对收割机进行保养、检修、排除故障时，必须切断动力或在发动机熄火后进行；收割台下进行机械保养或检修时，须提升收割台，并用安全托架或垫块支撑稳固。

（4）联合收割机应当配备有效的消防器材以及夜间作业照明的设备。在作业区域内严禁烟火。

（5）联合收割机上皮带较多，极易损坏，安装或更换皮带时，一定要使发动机熄火或切断脱谷离合器，用人工转动皮带轮的方法来安装。切不可在机器运转状态下，利用皮带轮的自身转动来安装皮带，这样做极易造成人身伤害甚至危及生命。

（6）联合收割机在道路上行驶的过程中，要遵守交通安全的有关条例和法规，并服从交警的指挥。

总之，驾驶员应使机器保持良好状态，科学熟练地按规程操作，确保清洁度、损失率、破碎率、割茬不超标，减少机器故障，安全作业，发挥机器最大的生产效率，创造最高的收益。

（三）农机具作业安全

1. 牵引农具一般不允许倒车；农具尚未升起时不允许转弯；地头转弯时要减小油门；悬挂农具下降时要缓慢平稳。

2. 联合机组作业时，驾驶员和农具手事先要规定好联络信号；农具手不得随意上下车。

3. 农具作业时，不准用手、脚或者工具清除农具上的泥土；不准在作业过程中维护或者调整农具故障，如需调整则要在切断动力后进行。

4. 夜间需要转移地块时，驾驶员必须在白天对路线进行熟悉，清除道路上的障碍物并做好相关准备工作。

5. 在山区或者丘陵地区进行作业时，要仔细查看地头是否经得起拖拉机的压轧，以防止滑坡和倒塌。

6. 作业场上必须配备专业灭火设备。

五、检查作业质量

农机专业合作社应组织专人及时对作业成果进行质量检查，以确保农机作业质量。

开展农机作业质量检查时，应严格按照相关机械的作业质量标准进行，如耕地质量检查标准、整地质量检查标准、播种质量检查标准、机插秧质量检查标准和植保作业检查标准等。以机械整地质量检查为例，采用对角线法，对作业地块的以下方面进行检查：

1. 检查整地后地面的平整度、土壤疏松度以及有无大的土块。
2. 检查耙地的深度是否达到作业要求。
3. 检查播前杂草是否除尽。
4. 检查有无漏耕、漏耙、漏压的现象。
5. 检查土壤墒情是否符合播种要求。
6. 检查土地边角是否整齐。

对达到作业质量标准的项目应及时组织验收，没达到作业质量标准的项目进行整改，直到满足作业要求。

第三节 经营管理

农机合作社日常生产经营的项目需要经过慎重的考虑和选择。在做出经营项目决策之前要通过广泛而充分的市场调研寻找经营目标，根据调研分析结果选择经营项目，制定合适的实施方案。

一、市场调研

农机合作社的市场调研，指采用科学的方法、客观的态度，通过搜集、整理、分析与供求双方有关的数据和资料，掌握供求关系现状和发展趋势，为农机合作社合理实施经营决策提供正确依据的管理活动。

（一）农机作业市场调研的作用

1. 有利于合作社掌握市场信息

通过市场调研，合作社能充分掌握农机作业市场的供求关系发展情况，能够进行精准的市场定位，改进经营策略，从而提高经济效益。

2. 有利于合作社健康发展

市场调研是农机合作社扭转管理方式的标志。合作社越重视市场调研，就越能进行科学管理，从大量数据和资料中发现自身优势和不足，及时调整发展方向，少走弯路，集中优势提升竞争力。

（二）农机作业市场调研的内容

农机作业市场调研，主要包括以下三方面内容。

1. 农机作业市场环境调研

（1）经济环境。经济环境主要包括地区经济发展状况、产业结构状况、交通运输条件等。

（2）自然地理环境。农机合作社经营范围内的气候、自然条件对其生产经营影响巨大。

（3）竞争环境。即对同性质农机合作社的调查研究。通过调查竞争对手的详细资料，能够帮助合作社制定正确的竞争策略。

2. 农机作业市场需求调研

市场需求调研涵盖面较广，包括合作社经营区域的种植面积、作物种类、机具保有量、生产作业日历等方面，是市场调研的重点。

3. 农机作业项目调研

农机作业项目是农机合作社经营活动的主体，通过调研，可以帮助合作社及时洞悉市场需求变化，从而合理调配作业机具和工作人员，减少资金无效占用，提高合作社经济效益。

（三）农机作业市场调研的方法

进行市场调研时，应选择采用普查、典型调查和抽样调查的其中一种调研方式进行，然后确定一种或几种具体的统计资料搜集方法。目前常用的统计资料搜集方法有以下六种：

1. 文献调查法

通过不同渠道搜集现存的与调研有关资料的方法。

2. 实地观察法

实地观察法，是观察者有目的、有计划地运用自己的感觉器官或借助科学观察工具，能动地了解处于自然状态下的社会现象的方法。

3. 访问调查法

调查者通过与被调查者面对面直接交流，根据被调查者回答来搜集资料信息。

4.问卷调查法

调查人员将事先设计好的调查表分发给被调查者,根据被调查者的书面回答来搜集资料。

5.实验调查法

通过小范围实验对比的方法,获取第一手资料,以此形成对被调研对象的判断。

6.互联网查找法

通过互联网搜集所需资料。

(四) 农机作业市场调研的步骤

1.确定市场调研目标

在市场调研开始之前,需要根据合作社自身情况和市场现状确定市场调研的目的和调研对象范围。

2.设计调研方案

一份完整的调研方案应该包括以下内容:

(1)调查目的。根据市场调研目标,在调研方案中明确调研的具体目的。如为了解农机作业服务市场均价等。

(2)调研对象。农机作业市场调研的对象与调研目的相关,如农机作业项目、某区域农作物品种、某区域机具保有量、农机作业从业人员情况等。

(3)调研内容。调研内容根据调研的目的确定。如为了调研某地农机作业市场均价,调研内容应包括当地一定时期内各合作社农机作业价格、已完成的农机作业服务量等。

(4)调研地区范围。调研地区范围应与农机作业合作社经营服务区域范围一致。

(5)样本抽取。由于调研数据样本庞杂,应该制定一个科学的抽样方案,最大限度保证抽取的样本能反映调研对象的总体情况。

(6)资料的收集和整理方法。常用的方法有调查法、观察法和实验法。调查法适用于描述性研究,观察法和实验法适用于探测性研究。

3. 制定调研计划

（1）组织调研人员。成立调研小组，配备调研人员，指派主要负责人，负责组织实施调研工作。

（2）安排工作进度。明确调研时间节点，合理安排调研工作进度，确保调研按时完成。

（3）组织实地调查。对调研人员进行岗前技术培训，确定需要的样本数量，将取样任务分派到个人。做好事中监控，调研过程中发现问题及时调整。

（4）统计分析结果。调研结束后，需要仔细甄别收集的调研数据，剔除不合格调研数据，对符合调研要求的数据进行归纳整理，一一编号，进而开始全面分析。

（5）撰写调研报告。撰写调研报告是市场调研的最后一步，需要在其中阐明根据调研目标所得到的结果，以及在此基础上获得的经营思路、改进方案等。

二、经营决策

农机作业经营项目是农机合作社经营的内容。要保持合作社良好发展，应该审慎进行农机作业经营项目的分析，从而做出正确的决策。

（一）农机作业经营项目内容分析

进行农机作业经营项目分析时，应先划定一个区域，再在区域内进行市场调研，从而分析选择合适的农机作业经营项目。

1. 分析农机作业宏观环境

对区域内的自然特征和人文环境进行分析，如土地面积、气候条件、人口数量、社会文化等。

2. 分析主要农作物特征

如主要农作物品种、种植面积、种植和收获时间等。

3. 估算农机作业经营项目费用总额

包括但不限于所需机具和人力、运输费用、机械折旧、工资、市场调研费用等。

4. 估算生产成本

根据费用项目估算生产成本。

5. 估算收入

根据作业面积和作业价格估算。

6. 计算投资回报率

计算相关财务指标,得出投资回报率。

(二)农机作业经营项目可行性分析

农机作业经营项目的可行性分析,是项目顺利实施的保障。验证一个农机作业经营项目是否可行,可以从以下五方面进行分析:

1. 外部环境分析

即对实施农机作业经营项目所面对的外部宏观环境进行分析。可用PEST分析法,从政治(P)、经济(E)、社会(S)和技术(T)四个层面进行。如目前的财政政策是否对该农机作业经营项目提供一定支持、宏观市场环境活跃度、该服务区域内人均收入水平、合作社目前保有的机具种类或提供的产品和服务类型是否具有技术优势等。

2. 内部分析

以合作社角度剖析自身具体情况,如该农机作业经营项目受众的范围,提供的产品和服务具有哪些优势和劣势等。

3. 市场需求分析

分析农机作业经营项目所面向的区域市场对该项目的需求有多大,是否能从该市场中获得预期的经济效益。

4. 财务评价

合作社可以从项目投资估算、产品成本及费用估算、产品销售收入及税金估算三个方面,从资金层面对农机作业经营项目的可行性进行分析评价。

5. 融资策略

实施项目需要的资金如何筹措、筹措的资金在项目各阶段、各环节如何运用才能最大限度地创造经济价值,是分析项目可行性时必须考虑的因素。

（三）农机作业经营项目决策方法

选择经营项目时，需要借助科学合理的方法对目标项目进行评价，使项目决策更加可靠。常用的决策方法有比较分析法、综合评分法和德尔菲法等。

1. 比较分析法

预先设定统一的评价指标以及评价基准，将不同经营项目的评价指标与评价基准做比较，选择评价最高的项目的决策方法。

2. 综合评分法

选出对各个项目影响都比较大的指标，如资金投入额、投资回报率等，按照不同指标在项目中的重要性划分权重，对各个指标进行评分，然后按照权重加权计算总分数，以总分最高的项目为最优经营项目。

3. 德尔菲法

采用匿名的方式，将不同项目以函件的方式发给专家来征求意见，由专人汇总整理专家反馈，再作为参考重新发给专家，供他们提出新的论证。反复几轮后，当专家意见趋于一致时，将意见提供给决策者，供决策者做出最终决策。

（四）农机作业经营项目决策步骤

农机作业经营项目的决策共四个步骤，包括确定目标、提出项目方案、分析评估项目方案、实施经营项目。

1. 确定目标

通过前期大量市场调研获得的可靠资料，寻找市场突破口，确定经营目标。

2. 提出项目方案

根据经营目标，拟定几套项目方案。需要注意的是，拟定方案的过程中需要注重方案的可行性，保证拟出备选的方案都是切实可行的。

3. 分析评估项目方案

对备选的几套方案进行综合评估，需要结合科学的决策方法，选出最优方案。

4. 实施经营项目

决策出最优方案后，需要组织实施。实施过程中要慎重监督，发现问题及时反馈，并进一步协调解决。

第四节 财务管理

一、产权制度

农机合作社的产权制度是能有效组合、调解和保护产权关系的制度安排。建立归属清晰、权责明确、保护严格、流转顺畅的产权制度，是农机合作社保持长期经营的基础。

（一）农机合作社产权制度

农机合作社的产权分为法人产权和个人产权。法人产权是指合作社对成员出资、公积金、国家财政补助形成的财产和他人捐赠形成的财产享有占有、使用和处分的权利。个人产权是指合作社每一个成员依法享有的可分配盈余和公积金等权益和应承担的责任。

为了维持农机合作社的良性发展，应该建立明晰的产权结构，完善与产权相匹配的利益分配机制和责任承担机制。明确合作社产权归属的关键措施是建立完整的成员账户。

（二）成员账户

1. 成员账户概念

成员账户是指农机合作社在进行会计核算时，为每位社员设立明细科目分别核算管理的账户。每个农机合作社都应设置成员账户，明确全社成员产权，作为后期分配盈余、承担债务等的依据。

2. 成员账户的作用

通过成员账户，可以分别核算其与合作社的交易量，为成员参与盈余分配提供依据。合作社成员与合作社的交易量，是其享有盈余分配份额的重要依据。

通过成员账户，可以分别核算其出资额和公积金变化情况，为成员承担责任提供依据。农机专业合作社的成员依照成员账户记载的出资额和公积金份额对合作社承担有限责任。在合作社解散清算时，每个成员应承担多少债务，以成员账户具体记载为准。

通过成员账户，可以为处理成员退社时的财务问题提供依据。当成员资格终止时，合作社应按照成员账户记载退还成员出资额和公积金份额，同时返还归属于该社员的可分配盈余。

3. 成员账户格式

根据《农民专业合作社法》第三十六条规定，成员账户主要记载以下内容：一是该成员的出资额；二是量化为该成员的公积金份额；三是该成员与本社的交易量（额）。成员账户常用格式如下：

XX农机合作社成员账户核算表

成员姓名： 家庭住址： 第 页

日期	摘要	成员出资	公积金份额	形成财产的财政补助资金量化份额	捐赠财产量化份额	产品A 交易量	产品A 交易额	产品B 交易量	产品B 交易额	盈余返还	剩余盈余返还金额

4. 成员账户编制方法

成员账户应当在合作社成员与合作社交易实际发生时按顺序逐笔登记。

（1）日期。以交易发生日期为准填列。

（2）摘要。记载交易具体内容。

（3）成员出资。填列成员出资额度。出资形式由合作社章程规定，可以货币方式出资，也可以非货币方式出资，即以实物出资。作为出资的实物必须可以用货币估价，并且可以依法转让的财产，由全体成员评估作价，以在成员内部能够达成的相对一致的价值估计作为出资额。

（4）公积金份额。此栏根据合作社提取的公积金量化为每个成员的份额填列。公积金量化的核算方法一共有四种：第一，根据当年该成员与合作社的交易量（额）比例来量化；第二，以该成员的出资比例为标准进行量化；第三，将该成员的出资比例和当年交易量（额）结合起来，根据二者所占比例再量化；第四，将公积金平均量化到每个成员。

（5）形成财产的财政补助资金量化份额。本栏填列政府直接补助中形成财产的部分量化到每个社员的份额。根据《农民专业合作社法》规定，应将形成财产的部分平均量化到每个社员。

（6）捐赠财产量化份额。本栏填列合作社接受他人捐赠的货币资金形成财产时，量化到每个合作社成员的份额。按全社成员平均量化份额填列。

（7）产品。本栏填列合作社与成员发生的产品交易数量和金额，按实际交易量及交易额填写。

（8）盈余返还。本栏填列返还给合作社成员的可分配盈余。合作社的可分配盈余应按成员与合作社的交易量（额）比例返还，返还总额不得低于可分配盈余的60%。

（9）剩余盈余返还金额。本栏填列按前项规定返还后的剩余部分，以成员账户中记载的出资额和公积金份额，以及本社接受国家财政直接补助和他人捐赠形成的财产平均量化到成员的份额，按比例分配给本社成员。具体分配方法在后面详细介绍。

二、投融资管理

农机合作社作为与企业等经济实体具有同样地位的法人，能够独立开展投资和融资活动，增加集体收益。

（一）投资管理

1. 投资的概念

投资是指特定经济主体为了在未来可预见的时期内获得收益或是资金增值，在一定时期内向一定领域投放足够数额的资金或实物的货币等价物的经济行为。可分为实物投资、资本投资和证券投资等。《中华人民共和国农民专业合作社法》赋予了农民专业合作社与公司、企业等经济体同等法律地位、法人地位、经济地位。因此，农民专业合作社在资金允许的情况下，可以通过投资实现闲置资金的增值。

2. 投资的类型

（1）长期投资和短期投资。按照投资回收期限的长短，可分为长期投资和短期投资。

长期投资是指投资回收期在一年以上的投资，包括固定资产、无形资产、对外长期投资等。

短期投资是指投资回收期在一年以内（含一年）的投资，包括现金、存货、短期有价证券等。

（2）直接投资和间接投资。按照投资行为对被投资主体的介入程度，分为直接投资和间接投资。

直接投资是指投资者将货币资金直接投入投资项目以获得实物资产或者购买现有企业的投资。前者形成企业内部直接用于生产经营的各项资产，如厂房、机械设备等，后者形成企业持有的各种股权性资产，如持有子公司或联营企业的股份，即能对被投资企业的经营管理决策实施控制或重大影响。

间接投资是指通过购买被投资对象发行的金融工具而将资金间接转移交付给被投资对象使用的投资，如企业购买特定投资对象发行的股票、债券、基金等。与直接投资相比，间接投资只享有定期获取一定收益的权利（股票分红、债权利息等），不能干预被投资企业的经营管理决策。

（3）对内投资和对外投资。按投资的方向不同，分为对内投资和对外投资。

对内投资即项目投资，是指企业将资金投放于为取得供本企业生产经营使用的固定资产（如厂房、生产设备）、无形资产（如专利、商标）、其他资产和垫支流动资金而形成的一种投资。

对外投资是指企业为购买国家及其他企业发行的有价证券或其他金融产品（包括期货与期权、信托、保险），或以货币资金、实物资产、无形资产向其他企业（如联营企业、子公司等）注入资金而发生的投资。

3. 投资的注意事项

（1）具有长远目标。合作社在选择投资项目时不能只顾短期利润回报而忽视长期经济利益，应该对未来可能发生的情况进行充分预测，选择符合未来经济、技术发展趋势的项目进行投资。

（2）严格控制合理的投资额度。为了维持农机合作社的日常经营和正常运转，应该确保资金的充足。因此，合作社在投资时要注意控制投资额度，在做出投资决策前准确估计出合作社能够承受的最大投资额，在合理范围内进行投资活动。

（3）科学安排投资结构。合作社在从事投资活动时，不要把全部资金投在同一个项目中，尽可能降低投资的风险。这就需要管理者慎重思考，对资金进行合理安排，或用于设备升级，或用于投资实体，或用于投资证券等，构建一个科学的投资结构。

（二）融资管理

1. 融资的概念

融资，是指企业运用各种方式筹措资金的行为与过程。农机合作社基于未来经营发展的考虑，需要采用一定的方式，通过一定的渠道筹集资金，组织资金的供应，保证正常经营所需资金。

2. 合作社资金结构

合作社的原始资金主要来源于成员认缴的入股资金。由于合作社成员多为低收入者，认缴的股金极为有限，有限的资金很可能造成合作社的资金瓶颈。

此外，如果合作社需要筹集更多资金以满足经营发展需要，采取再次向其成员募集资金（即内源融资）的方法难度较大。

为了弥补资金不足，农机合作社亟须寻求外源融资。

3. 合作社的融资渠道

农机合作社通过外源融资更容易获得满足生产经营发展需要的资金。目前，合作社常用的融资渠道包括财政直接补助、金融机构贷款和涉农项目补贴三个。

（1）申请农业补贴。农业补贴是指国家财政资金为扶持农业发展的政策性投入。近年来，我国出台了多项针对农民专业合作社的补贴扶持政策，能有效地为广大合作社解决资金困境。申请农业补贴是合作社融资最常采用的融资方式。

为了尽可能争取农业补贴，合作社应加强对当地农业补贴类资讯的关注，多与当地相关部门沟通，结合自身实际情况筛选出合适的补贴信息，从而向对口部门申报农业补贴。

（2）金融机构贷款。随着农村普惠金融体系的日渐完善，以农业发展银行、农行、农村商业银行、村镇银行、邮政储蓄银行为主体的金融机构，对农村贷款力度不断加大，涉农贷款余额不断增加，向银行等金融机构申请贷款也成为农机合作社筹集资金的重要途径。

合作社应积极与银行相关部门沟通，了解不同银行的贷款政策，重点关注贷款利率、抵押物要求等信息，合理安排，理性贷款，制定出最适合自身的贷款方案。

（3）增加成员入股。吸收新的成员加入合作社，也能为合作社筹集一定资金。合作社可以在现有成员之外邀请更多新成员加入，将新成员缴纳的入股资金投入生产经营中去。为了尽可能多地吸收资金，合作社应着重邀请有一定经济实力的大户入股。

三、盈余分配

盈余分配是指农机合作社将全年实现的实际税后利润进行分配的过程。农机合作社应以全体成员的现实利益和合作社的长远利益相结合的原则确定分配和留存的比例。

（一）盈余分配概念

农机合作社的盈余分配，按照一定的标准把当年度实现的盈余、以前年度的未分配盈余和其他转入进行分配。《农民专业合作社法》第三十七条规定："在弥补亏损、提取公积金后的当年盈余加上年初未分配盈余和其他转入，为农民合作社的可分配盈余。"

即可供分配的盈余总额＝本年盈余＋年初未分配盈余＋其他转入

盈余分配关系到合作社与社员的切身利益，重视并做好盈余分配至关重要。

（二）盈余分配方式

《农民专业合作社法》规定，合作社应按成员与本社的交易量（额）比例向成员返还盈余，且返还总额不得低于可分配盈余总额的60%。返还后剩余的40%盈余部分以成员账户中记载的出资额和公积金份额，以及本社接受国家财政直接补助和他人捐赠形成的财产平均量化到成员的份额，按比例分配给本社成员。

（三）盈余分配流程

1. 计算当年盈余

年度终了，财务人员根据收入类账户与支出类账户相抵后的金额，计算本年盈余。举例说明，A农机合作社本年经营收入400000元，投资收益100000元，经营支出200000元，管理费用100000元，收入与支出相抵，A农机合作社的当年盈余为200000元（400000+100000-200000-100000）。

2. 编制盈余分配方案，计算盈余分配比例

编制盈余分配方案是合作社开展盈余分配的基础，方案中应该对分

配项目和分配比例做出明确规定。方案形成初稿后,应在成员大会上公布,广泛听取成员意见形成终稿,由成员大会一致通过后,才能施行。

(1)编制盈余分配方案。编制盈余分配方案时应当依据《农民专业合作社法》的规定,将可分配盈余的60%以上部分按成员与本农机合作社的交易量(额)比例进行分配,剩余的低于40%的部分可分配盈余以成员账户中记载的出资额、公积金份额以及由国家直接补助和他人捐赠形成的财产平均量化到各个成员的份额为准,按比例分配给成员。

《农民专业合作社法》只对分配比例从总量上作了大体规定,具体的分配细则由合作社章程或成员大会决定。

(2)计算盈余分配比例。延续前例,A农机合作社当年盈余为200000元,年初未分配盈余为100000元,其他转入为100000元,因此,当年可分配盈余为400000元(200000+100000+100000),A农机合作社章程规定,提取公积金的比例为5%,提取公积金后剩下的盈余中60%返还给成员(按成员与本农机合作社的交易量(额)比例进行分配),余下的40%计算应付剩余盈余(按成员账户中记载的出资额、公积金份额以及由国家直接补助和他人捐赠形成的财产平均量化到各个成员的份额比例分配)。

(3)提取盈余返还。假设当年合作社与成员的交易总额为500000元,其中,甲成员与本社交易额为10000元,乙成员与本社的交易额为20000元,丙成员与本社的交易额为50000元。当年末,合作社所有者权益总额为600000元(股金500000元,专项基金50000元,公积金50000元)。甲成员的成员账户记载的出资额10000元,专项基金1000元,公积金7000元;乙成员的成员账户记载的出资额20000元,专项基金2000元,公积金14000元;丙成员的成员账户记载的出资额50000元,专项基金5000元,公积金35000元。以上述三个成员为例计算出盈余返还和剩余盈余返还。

第一步,计算出当年可分配盈余中应返还给与本社有交易量的成员的盈余返还总额:

(400000-400000×5%)×60%=228000(元)

第二步，分别计算甲、乙、丙成员与本社交易额占全社成员与本社交易额的比重：

甲：10000÷500000×100%=2%

乙：20000÷500000×100%=4%

丙：50000÷500000×100%=10%

第三步，计算应返还给甲、乙、丙的盈余：

甲：228000×2%=4560（元）

乙：228000×4%=9120（元）

丙：228000×10%=22800（元）

应返还给其他与本社有交易额的成员的盈余计算方法同上。

（4）分配剩余盈余

第一步，计算出当年可分配盈余中的剩余盈余返还额：

400000−400000×5%−228000=152000（元）

第二步，分别计算出甲、乙、丙成员账户中记载的出资额、公积金和由国家直接补助和他人捐赠形成的财产平均量化到各个成员的份额（专项基金）占合作社总额的比重：

甲：（10000+1000+7000）÷（500000+50000+50000）×100%=3%

乙：（20000+2000+14000）÷（500000+50000+50000）×100%=6%

丙：（50000+5000+35000）÷（500000+50000+50000）×100%=15%

第三步，计算甲乙丙成员应分配的剩余盈余金额：

甲：152000×3%=4560（元）

乙：152000×6%=9120（元）

丙：152000×15%=22800（元）

应返还给其他成员的剩余盈余计算方法同上。

3. 分配盈余，登记成员账户

进行盈余分配是盈余分配工作的核心环节，涉及到每个成员的切身利益。盈余分配过程中要准确、公平、客观，严格按照盈余分配方案执行，正确计算出每位成员的公积金量化份额、应付盈余返还金额和应付剩余盈余金额，保障每一位成员的利益。

盈余分配结束后，要及时登记总账、明细账和成员账户。

第五节 风险管理

农机合作社在生产经营过程中很可能面临各种不同的损失，即遭遇风险，而各种风险的成因和应对措施有所不同，需要合作社管理者谨慎识别和应对。

一、风险管理概念

合作社的风险管理是指通过系统分析，采用有效的措施把风险造成的损失降到最低水平的管理过程。

二、风险管理程序

风险管理的程序包括风险识别、风险分析、风险应对和风险监控四个步骤。

（一）风险识别

风险识别是指在风险发生以前，通过一系列科学方法认识即将发生的风险类型以及发生风险的原因，是风险管理的基础。

风险识别是风险管理的第一步。合作社管理者需要掌握合作社生产经营各个环节，了解潜在的风险。

（二）风险分析

全面预测风险后，需要对风险进行分析。面对生产经营流程中潜在的各种风险，需要详细分析它们的来源、产生原因并系统评估各个风险产生影响的大小。根据风险影响大小对不同风险作优先级排序，对优先级别高的风险优先处理。

（三）风险应对

风险应对是指在确定了风险并分析出风险的影响程度之后，需要制定相应的防范方法来控制风险。

应对风险的有效措施包括规避风险、接受风险、降低风险和转移风险。

1. 规避风险

当预测到某个经营项目产生的风险将对合作社造成严重损失时，采取主动放弃或加以改变该项目的措施以避免风险。

2. 接受风险

当某个项目的潜在风险不可避免，且经过评估确定合作社能够承受该风险带来的损失时，可以采取接受风险的不作为应对策略，即维持现有的生产经营条件，确保风险水平不再提高。

3. 降低风险

即采取一定措施将风险降低到可以接受的水平。这种方法一般用于应对不可避免的风险，把风险造成的损失降到最低。

4. 转移风险

合作社可以采取合同或非合同的方式将风险转移给另一方，以保护自身不受风险侵害。常用的转移风险的方法是有针对性地购买保险，在风险发生时获得保费作为风险补偿，风险损失由保险公司承担。

（四）风险监控

在启用风险应对措施之后，应该对风险控制结果进行实时监控。管理者需要定期或不定期地对风险控制结果进行检查和评估，持续根据评估结论对合作社的风险管理体系进行调整和完善。

三、农机合作社的风险类型

农机合作社生产经营过程中产生的风险可能来自外部，也可能来自内部。外部风险包括自然风险、市场风险和技术风险，内部风险包括管理风险和财务风险。

（一）自然风险

农机合作社的自然风险是指自然灾害对合作社生产经营及社员生命安全带来的风险，主要有气候灾害风险、地质灾害风险和生物灾害风险等。以洪涝灾害为例，如果在合作社提供农机服务期间发生洪涝灾害，合作社将被迫中止服务，由此为合作社和社员造成损失的风险就是自然风险。

（二）市场风险

由于市场行情变化、消费需求转移、经济政策改变等不确定因素引起的实际收益与预期收益产生偏离的不确定性就是市场风险。例如，由于市场价格波动引起合作社经营业务收入下降，对合作社造成损失的风险。

（三）技术风险

农机合作社因主营业务与农业机具关联度高，享受技术带来收益同时也承担着技术带来的风险。农机合作社的技术风险主要有引进新机具的不确定性和现有机具的可替代性，具体表现为引进的新机具与市场需求不对口，不能产生很好的经济效益；工作人员对引进的新机具性能不了解，影响后续提供服务；现有的农业机具装备优势减少，可能被同行业竞争者替代等。

（四）管理风险

以理事会（理事长）为首的领导层受知识、能力、道德等因素影响在合作社经营过程中造成的不确定性，是农机合作社面临的管理风险。例如，合作社的监督制度是否健全，会影响管理层在合作社运营过程中做出决策的公平性；管理者的能力高低，关系着其能否有效协调社员之间的利益冲突，团结社员，最大限度发挥集体的力量促进合作社的健康发展。

（五）财务风险

财务风险是指合作社在运营过程中受不确定因素影响而可能发生资金链断裂的现象。农机合作社的财务风险表现为投资失败造成资金无法回收；因融资渠道狭窄而无法筹集足够的资金；盈余分配计划不合理造成运营资金不足等。

四、农机合作社风险管理措施

（一）自然风险的防范

自然风险对农机合作社造成的损失巨大，应该事前做好防控工作。第一，购买农业保险。全方面了解各个险种，根据合作社的经营业务选择保险范围最匹配、最经济的保险，最大限度发挥农业保险补偿损失、转移自然风险的功能。第二，积极主动学习自然灾害防控知识。突发性自然灾害发生前多有前兆，季节性自然灾害多有规律，合作社应鼓励带动社员认真学习自然灾害相关知识，提前做好预防措施以防自然灾害，保护合作社及成员的生命财产安全。

（二）市场风险的防范

面对市场风险，合作社应该提高对信息的重视程度，拓宽获取信息的渠道。一是加强市场调研。通过市场调研，合作社可以获得大量数据资料，实时掌握市场的需求变化，从而相应调整经营项目和经营策略。二是加强与地区政府相关部门的沟通。合作社应加强与主管部门的联系，积极咨询各项政策，力求理解，在政策允许范围内开展经营活动。

（三）技术风险的防范

农机合作社防范技术风险主要从调研和培训两方面进行。首先，在引入新机具前，要仔细了解它的性能，分析其在合作社经营区域内的回报率，从技术和经济效益两方面考虑引进新机具的必要性。其次，合作社应加大对社员的培训投入力度。定期开展技术培训，鼓励社员积极学习操作、维修、保养新机具的技能。

（四）管理风险的防范

管理风险防范的关键在于提高管理者的素质和健全合作社监督体制。合作社应定期组织对管理层的集体培训，提升他们的管理能力，强化他们的道德意识、责任意识和集体意识。同时，要进一步落实监督工作，完善内部监督举报流程，提高社员的监督意识，利用集体的力量监督管理层履职。

（五）财务风险的防范

为了应对财务风险，合作社应该健全内部财务机制。一是引进财务人员。由理事长或经理聘请专业的财务人员，由专业人士管理合作社的财务，为合作社提供投资、融资咨询服务。二是建立规范的分配机制。首先，严格敦促建立成员账户，使每位社员的权益分配有据可依，预防不公平现象发生；其次，合理规划盈余分配，准确计算出弥补亏损、提取公积金所需的部分，在确保合作社再生产顺利进行的前提下向社员返还盈余。

第四章 农机合作社人力资源管理

第一节 人力资源管理概述

一、概念

人力资源管理是指为了加强实现既定目标（如取得经济效益、资产增值）对人力资源的取得、开发、保持和利用等方面所进行的计划、组织、指挥、控制、监督、激励等一系列活动的总称。它是研究人与人关系的调整，人与事的配合，以充分开发人力资源，挖掘人的潜力，调动人的积极性，提高工作效率，实现组织目标的理论、方法和技术。

二、内容

人力资源管理的内容主要包括制定人力资源规划、岗位设计与岗位分析、招聘计划、招聘、选择最合适的求职者、个人发展计划、绩效评价、培训与开发、工资与福利、劳动关系、安全与保障等。

三、目标

人力资源管理的目标是吸引、保留、激励与开发合作社所需要的人力资源。

四、职能

人力资源管理的职能，一是吸收、录用岗位要求的最合适的人选；二是保持员工有效工作的积极性、主动性、创造性和安全、健康、舒适的作业环境及良好的工作氛围；三是通过教育、培训、训练等使员工的综合素质得到全面的提高和发展；四是评价员工的基本素质、劳动态度和行为、技能水平、工作成果等；五是通过定编定岗、定员定额、绩效考评、员工激励、培训开发以及人事调整等，提高员工的技能水平和工作效率。

第二节 人力资源管理的配置原则

人力资源配置是管理者组织职能的重要组成部分，是组织有效运行的保证。它是指管理者在确定组织结构及职位之后，按照需要，选择、配备适当人员的工作过程。人力资源配置一般要遵循以下原则：

一、优化原则

通过科学选聘、合理组织，实现人员配备的最优化。优化原则包含四层含义：第一，要适才适用，使不同类型的人才与不同性质的工作相适应，实现科学配置；第二，要用人所长，善于选择人的长处而用之，充分发挥其优势；第三，要人才互补、优化组合，发挥人才组合的整体效应；第四，要公平竞争，选聘人才要公开、公平、公正。

二、激励原则

通过人员配置，最大限度地调动人的积极性。激励原则包括三层含义：第一，要合理授权，充分信任下属，放手使用；第二，要科学地安排工作职位和进行工作设计，增强下级对所从事工作的兴趣；第三，奖励与绩效挂钩，物质奖励与精神奖励有效结合。

三、开发原则

在人员配置和使用过程中，通过各种形式，进行智力开发，不断提高人员的素质,最大限度地发挥人的潜能。

第三节 人力资源管理主要环节及方法

一、建立员工岗位制度

农机合作社应按照现代企业管理制度要求,根据现有员工和工作岗位任务,制定相应的岗位职责,有些岗位还应制定工作说明书,实施岗位考核,并建立与岗位职责考核挂钩的薪金制度,以加强员工工作的自觉性和责任感,形成人尽其才、多劳多得,促进农机合作社发展良好制度环境。

农机合作社人力资源管理部门应在收集本社所有岗位信息资料的基础上,制定一套符合合作社特点的岗位分析资料,然后再细化各岗位的工作任务、发展目标和职责,明确各岗位的任职资格和条件,并根据岗位分析结果,对所有员工依照岗位任职资格要求进行排序力求把最合适的员工放在最合适的岗位上。

员工进入合作社,如何使其明白合作社的目标,了解自身的职责职权范围及与他人的工作关系,合作社如何检查员工工作绩效及让员工充分发挥个人潜力,使员工得到成长和发展,合作社如何指导员工提高自身素质,以适应合作社发展需要;如何激励员工,以提高工作效率……都需要规范化制度来实现。所以,规范化制度管理是实现人与事的最佳匹配和保证组织目标顺利完成的重要手段。同时也是组织留住并激励优秀人才,鞭策或淘汰不合格员工,照顾员工各方面合理需求的重要手段。从员工个人发展角度看,规范化制度管理也是帮助员工实现其职业发展规划的必要措施。

二、制定人力资源规划

现代科学方法论启示人们：人力资源配置结构合理，功能是正效应；反之是负效应。人力资源配置得合理与否，直接关系到人力资源效益的高低。人数增加，可以解决合作社人力资源存量不足的问题。但是，人力资源效益能否提高则取决于人员结构是否优化、岗位配置是否合理。

合作社要重视员工的个人职业生涯规划工作，使员工把个人发展目标与合作社发展目标联系起来，置员工成长进步于合作社发展之中，实现同步发展。只有人力资源得到优化，员工的积极性才能得到充分调动，责任心才会增强，人力资源效益才能显著提高，合作社才能逐步发展壮大。

制定合作社人力资源规划，应着眼于为组织未来的经营或运作预先准备人力资源，持续和系统地分析组织在不断变化的条件下应对人力资源的需求，并制定出与组织的长期效益相适应的人事政策。

随着业务的不断拓展，合作社员工人数也相应增加。如果缺乏人力资源中长期的规划，人事管理的成本将越来越大，造成培训措施难以落实，人员的素质也得不到提高，进而影响到合作社的经济效益。因此，只有根据合作社发展战略，制定中长期人力资源规划，有计划地开展人力资源开发、培训和考核工作，才能形成合作社人才阶梯形结构，满足合作社不同发展时期对人才的需要。

合作社人力资源的规划和合作社的招聘录用制度密切联系。当合作社人力资源不能满足发展需要时，合作社必定要从外面招募人才。外部招聘与内部提升各有利弊。从合作社成本的角度看，外部招聘增加了合作社的成本，同时也影响了老员工的自身职业生涯规划，阻碍了内部员工的升迁之路。人力资源部门一定要处理好合作社长远发展和员工个人发展两者之间的关系，制定符合合作社发展的人力资源规划及培训规划，完善人才选拔和招聘程序，只有这样，才能满足合作社不断发展的动态人力资源需要，同时降低人力资源成本，调动所有员工的积极性，不断挖掘人力资源潜力，进而提高合作社的经济效益。

三、加强人力资源培训

多方面的培训可以使员工获取丰富的专业知识、增强扩展业务技能、改善工作态度，不仅有助于员工更好地完成本职工作，也可以增强合作社经营运作的灵活性。

为了促进员工与合作社的共同发展，合作社要加大岗位培训的力度，采取"请进来、派出去"，老员工带新员工和进修等多种方法，对员工实施全方位的培训。比如，在合作社的会计、劳动管理、秘书、档案管理等相关岗位上的人员，实施凭证（上岗资格证）上岗制度。另外，培训的广度与深度也要增加，除学历要求与职业技能培训，还要把培训重点放在拓展员工知识、启迪员工思想、激发创造性思维等方面，以达到不断激发员工工作兴趣、最大限度发挥员工的创造能力及促进合作社发展的目的。

四、做好人才选拔招聘

人才选拔是指从应聘者中选出农机合作社所需要的人员的过程，包括：资格审查、背景调查、初选、面试、其他测试、体检、个人资料核实等一系列活动的过程。

人才选拔与招聘是农机合作社为了弥补岗位空缺，从那些有能力又有兴趣到合作社某个岗位任职的人员中挑选出合适的人员的有效方法。它是实现人力资源管理有效性的重要保证。

（一）内部选拔

由于对合作社内部员工有充分的了解，如对员工过去的业绩评价资料较易获得，管理者对内部员工的性格、工作动机以及发展潜能等方面也有比较客观、准确的认识，提高了人事决策的成功率，因此内部选拔具有准确性高的特点。从运作模式看，现有的员工更了解本组织的运营模式，与外部招募的新员工相比，他们能更快地适应新的工作，因此，内部选拔具有适应性快的特点。同时，内部选拔能够给员工提供发展的机会，让员工看到上升的机会，可以强化员工为组织努力工作的进取心，也增强了员工对组织的责任感，具有激励性强的特点。此外，内部选拔可以节约大量的费用，如广告费、招聘人员与应聘人员的差旅费等，同时还可以省去一些不必要的培训项目，减少了组织因岗位空缺而造成的间接损失，因此，具有费用较低的特点。但是内部选拔可能因操作不公，或员工心理原因造成内部矛盾。

（二）外部招聘

与内部选拔相比，外部招聘具有以下特点：带来新思想、新方法。从外部招聘来的新员工对现有的组织文化有一种崭新的、大胆的视角，而较少有感情的依恋。有利于招到一流人才。外部招聘的人员来源广，选择余地很大，能招聘到很多优秀人才，尤其是一些稀缺的复合型人才。外部招聘也是一种有效的交流和宣传方式，单位可以借此机会在其员工、客户和其他外界人士中起到宣传作用，从而树立合作社良好形象。但也存在难度大、风险较高的缺点。外部招聘因为选择面广，筛选难度大，时间长，成本比较高，且存在着招到不合适人选的风险。

为选拔和招聘到优秀人才，无论是内部选拔还是外部招聘，都应做好选拔和招聘对象的背景调查，即通过选拔或招聘对象原来的雇主、同事以及其他人员，或是能够验证选拔或招聘对象提供资料准确性的机构和个人，对选拔对象的教育状况、工作经历、个人品质、工作能力、个人兴趣等情况进行调查、了解和验证。同时，要注意只调查与选拔或招聘对象工作有关的信息，调查中应重视客观内容的调查核实，应忽略应聘者的性格等方面的主观评价内容，尽可能使用公开记录来评价员工的工作情况，避免偏见的影响。此外，要重视选拔或招聘对象直接上司的评价。

五、建立绩效考核评估制度

绩效考评作为一种员工评估制度，目的是改善员工的工作表现。实现合作社的经营目标，并提高员工的满意程度和成就感。但是，绩效考评工作长期以来困扰着人力资源管理人员，由于缺乏量化的指标，在考评工作中常常出现光环效应，使考评失真，达不到考评目的。如果考评工作对员工岗位调整、薪酬决策、工作计划、预测评估和人力资源规划、员工培训和录用、团队建设、员工个人的职业发展规划等方面起不到应有的作用，就会引起员工的不满情绪，影响合作社的凝聚力和向心力。因此，建立一套适合本合作社实际情况、切实可行的考评制度，尤为重要。

有效的激励机制有助于调动员工潜在积极性，实现既定目标，并为合作社的发展吸引和留住人才。激励机制主要有物质利益激励（薪酬福利制度）、社会心理激励和工作激励等。

第四节 人员培训

一、培训目标和内容

（一）培训目标

1. 岗前培训

岗前培训是指对新员工进行的导向培训或职前培训。员工在进入合作社之前，合作社为新员工提供的有关组织背景、基本情况、操作程序和规范的活动。这种培训组织性和规范性强，物质条件好，有时间保障。通过一段时间培训，使员工迅速掌握岗位要求必备的技能，以便尽快进入角色，对于新员工具有导向性作用。通常是在农机合作社开办的新员工培训班内进行，主要采取课堂教学、开办讲座等方法进行，但不适合于技术性强、对操作经验要求高的岗位。岗前培训根据培训目的不同，通常又分为转岗培训和岗位资格培训。

（1）转岗培训：是指对已批准转换岗位的员工进行的，旨在达到新岗位要求的培训。

（2）岗位资格培训：许多岗位需要通过考试取得相应职业资格证才能上岗，而且资格证书一般几年内有效。资格证书到期时，员工需要接受培训并再参加资格考试。要求上岗者须具备资格证书的岗位包括国家有关部门规定的岗位、农机合作社规定的岗位。

2. 在岗培训

也称在职培训、不脱产培训，是指合作社为了使员工具备有效完成工作所需要的知识、技能和态度，在不离开工作岗位的情况下对员工进行的培训。以改善绩效为目标的培训通常采用在岗培训，即指在绩效未达到要求、绩效下降或绩效虽达到要求但员工希望改进其绩效的情况下所进行的培训。

3. 脱产培训

是指离开工作或工作现场进行的培训，培训期通常为几天至三个月。有的培训是在本单位内进行，有的则送到国内外有关的教育部门或者专业培训单位进行。这种培训能使受训者在特定时间内集中精力于某一特定专题的学习。如参加研讨会、去国内外优秀农机合作社短期考察、到高等院校进修和出国进修等。脱产培训的费用一般比较高，对工作影响大。因此并不适合全员培训。其主要是用来培养农机合作社紧缺人才，或为农机合作社未来培养高层次技术人才、管理人才，或为了使用引进新设备、新工艺的操作人员。

脱产培训根据培训期限，可以分为短期培训和长期培训。脱产培训根据培训安排的主体，又可以分为组织安排的培训和个人自主选择的培训。前者是组织根据培训计划选择有培养前途的工作者或业务骨干外出参加培训，培训针对性很强，培训的内容往往是当前最需要的知识、技能；后者是指员工个人根据培训计划或自身工作需要，选择适合自己的培训，如参加高等院校或专门机构举办的短训班等培训形式。

（二）培训主要内容

农机合作社培训主要内容有：法律法规、农机合作社规章制度、合作社概况、合作社文化、专业理论知识、扶持政策、业务技能技巧、职业操守与礼仪常识等。

二、编制培训计划

编制培训计划一般包括以下工作内容：

1. 确定培训目标

培训目标是根据培训需求分析结果，指出一个培训的必要性及期望达到的效果。培训后，需对此目标进行效果评估。从某一培训活动的总体目标到每节课的具体目标，可分为若干层次。由于现任职人员能力及素质的不足产生的差距，那么也就知道应该对其进行哪方面的培训和提高，自然也就确定了培训内容。但是，培训什么内容就可提高或增强人的某方面的素质和能力，需要有一定经验的人进行分析判断，要尽量避免偏差，保证培训的效果。

2. 制定培训计划

有了明确培训目标后，还需要将目标责任制具体化和可操作化，这要通过拟定培训计划来完成。培训计划即根据培训对象、目标及要求，确定培训项目的内容、培训形式、学时（制）、课程设置方案及教学方法。培训计划可分为短期计划和长期计划。

3. 编写培训大纲

在综合考虑以上因素的情况下编写培训大纲，将培训计划具体化、可操作化。具体确定培训的组织形式、培训内容、培训时间、培训方式，选择教科书与教学参考教材、任课老师，辅助培训器材与设施等，为受训人员提供具体的日程安排和详细的时间安排。培训计划应将总体计划及各分项目标计划的实施过程、时间跨度、阶段划分用简明扼要的文字或图表表示出来。

4. 设计培训方式

培训中，可根据需要和教学现场条件选择一系列培训方法，如讲授法、交流研讨法、案例研究法、行为示范法、角色扮演法和现场培训法等，可采取其中一两种方法为重点，多种形式变换组合，使其达到最佳的效果。培训方法的设计也要注意受训者的知识层次和岗位类型，如案例研究法适用于管理者和科研人员；讲授法、交流研讨法、行为示范法和现场培训法等对驾驶操作人员更合适，效果会更好。

5. 预算培训经费

派员工参加组织外部的培训，费用按培训单位的收费标准支付。内部组织培训经费主要包括教师的薪酬及场地费、设备材料的损耗费、教材及资料费等。为了提高工作效率，尽量让有关人员都参加内部组织的培训，可降低单位投资成本。

6. 选择培训教师

教师的水平高低直接影响培训效果，好的教师既要有广博的农机业务理论知识，又要有丰富的实践经验；既要有扎实的培训技能，又要有高尚的品德。根据培训内容，选择和确定从外部聘请，还是由合作社内部相关人员担任培训教师。

7. 制定控制措施

为保障培训秩序，监督培训进程，应采取一定措施及时跟踪培训效果，约束员工不良行为。常见培训控制手段有签到登记、例会汇报、流动检查、结业理论考试和技能考核等。

三、选择培训方法

农机合作社常用的有理论知识培训、操作技能培训及综合能力提高和开发的参与式培训方法。

1. 理论知识培训方法

常用的有讲授法、专题讲座法和研讨法三种。

（1）讲授法。是老师按照准备好的内容系统地向学员传授，是最基本的培训方法。

（2）专题讲座法。形式上和课堂教学法基本相同，但内容上是针对某一个专题知识进行一节或几节课的讲授。

（3）研讨法。在老师引导下，学员围绕某一个或几个主题进行交流，相互启发的培训方法。

2. 操作技能培训方法

常用的有实践法。实践法培训常用以下几种方式：

（1）工作指导法。又称教练法、实习法，是指由一位有经验的工人或直接主管人员在工作岗位上对受训者进行培训的方法。负责指导教练的任务是教给受训者如何做，提出如何做好的建议，并对受训者进行激励。

（2）工作轮换法。指让受训者在预定时期内变换工作岗位，使其获得不同岗位的工作经验。

（3）特别任务法。指农机合作社通过为某些员工分派特别任务对其进行培训的方法，此法常用于管理培训。

（4）个别指导法。通过资历较深的员工的指导，使新员工能够迅速掌握岗位技能。

3. 综合能力提高和开发的参与式培训方法

常用的有自学、案例研究法、头脑风暴法、模拟训练法、敏感性训练法和管理者训练法。

第五节 礼仪常识

通过礼仪培训，使农机合作社员工形象、个人举止、待客服务达到标准化要求，树立合作社良好的整体形象，建立团队精神和增强自豪感，用良好的行为规范，让服务、合作对象感到亲切，为合作社创造良好的社会效益和经济效益。

一、礼仪的内涵和外延

礼仪，简单来说，就是礼节和仪式，是在工作、生活中所要遵循的礼节，它是一种约定俗成的规范，是为维系社会正常生活而要求人们共同遵守的道德标准，是人们在长期共同生活和相互交往中逐渐形成的并以风俗、习惯和传统等方式固定下来的准则。对个人来说，礼仪是一个人的思想道德水平、文化修养、交际能力的外在集中体现；对社会来说，礼仪是一个国家社会文明程度、道德风尚和生活习惯的直观反映。正所谓，人无礼则不生，事无礼则不成，国无礼则不宁。

在越来越重视合作和交往的今天，礼仪已成为道德实践的一个重要环节，是树立个人和单位形象、改善合作关系的重要因素。

二、礼仪的重要性

孔子曰："少成若天性，习惯成自然。"可见，良好的礼仪需要培训和长期养成。一个人通过培训，能熟练掌握和运用礼仪后，会进入一个新的境界，达到一种悦人悦己的状态。

礼仪不是一种形式，而是从心底里产生对他人的尊敬之情。礼仪无须花一文却可以赢得一切，赢得陌生人的友善，朋友的关心，赢得同事的尊重。礼仪如同春风滋润着人们的心灵，沟通着人们的情感，化解人与人之间的矛盾，使人彼此关注，相互理解。礼仪看起来只是日常生活工作中的非常细小的事情，它却代表着一种深刻的道德指引，能潜移默化地影响每一个人。

仪态的美是一种综合之美，完善的美，是身体各部分器官相互协调的整体表现，同时也包括了一个人内在素质与仪表的特点。

仪表，是人的外表，一般来说包括人的容貌、服饰和姿态等方面。仪容，主要是指人的容貌，是仪表的重要组成部分。仪表仪容是一个人的精神面貌、内在素质的外在体现。一个人的仪表仪容往往与其生活情调、思想修养、道德品质和文明程度密切相关。

三、合作社常用个人礼仪

（一）仪表礼仪

1. 男士服装礼仪

（1）工作时要穿工作服，不要太随意，工作服可以提高我们的企业形象和个人气质。要注意领子和袖口上的洁净，注意保持工装的整体挺括。穿工装时要注意检查扣子是否齐全，有无松动，有无线头，污点等等。

（2）鞋子是工作服的一部分，在工作等正规场所要穿西装，穿皮鞋，一定要保持皮鞋的干净光亮。

（3）要佩戴好工作证，穿工作服要佩戴工作证，无论是哪一个具体部门的员工，均应把工作证端正地佩戴在左胸上方。

（4）西装着装要讲究。要配套和得体，穿好衬衣，注意纽扣的扣法、衣着整体搭配、领带的选择和佩戴。

（5）穿西装必须打领带，袖口和裤脚不能卷起，衬衣的下摆需塞入裤内。穿西装必须穿皮鞋，袜子应该以深色为宜。参加各种活动，进入之内场所时，应该摘帽，脱掉大衣风衣。在室内不要戴黑色眼镜，在室外隆重仪式或迎送等礼节性场合，也不要戴黑色眼镜；在与别人握手、说话时需要将眼镜摘下。

2. 女性服装礼仪

女性职业装以套裙为主，以此介绍女性服装礼仪。

（1）面料选择。上衣、裙子和背心等可选用同种面料。要用不起皱、不起毛、不起球的匀称平整柔软丰厚，悬垂挺括，手感较好的面料。

（2）色彩。应当以冷色调为主，借以体现出着装者的典雅、端庄与稳重。还要与正在风行一时的各种"流行色"保持一定距离，以示自己的传统与持重。一套套裙的全部色彩最多不要超过两种，不然就会显得杂乱无章。

（3）尺寸。套裙在整体造型上的变化，主要表现在它的长短与宽窄两个方面。建议上衣不宜过长，下裙不宜过短。

（4）穿着到位。农机合作社女士在正式场合穿套裙时，上衣的扣必须全部系上。上衣的领子要完全翻好，有袋的盖子要拉出来盖住衣袋。不要将上衣披在身上，或者搭在身上。裙子要穿得端端正正，上下对齐。

袜子不可露出袜边。女士们要么穿长到大腿的长筒袜,要么不穿袜,不能穿那种半长不短的丝袜。

(5)妆饰。套裙上不宜添加过多的点缀。妆容方面,既不可以不化妆,也不可以化浓妆。

(6)搭配。衬衫应轻薄柔软,色彩与外套和谐。内衣的轮廓最好不要从外面显露出来。与套裙配套的鞋子宜为皮鞋,并尽量选择棕色或黑色牛皮鞋。

(二)仪容礼仪

清洁卫生是仪容美的关键,是礼仪的基本要求。不管长相多好,服饰多华贵,若满脸污垢,浑身异味,那必然破坏一个人的美感。因此,每个人都应该养成良好的卫生习惯,做到早晚饭后勤刷牙,经常洗头又洗澡,讲究梳理勤更衣。不要在人前"打扫个人卫生"。

1. 面容

男士应注意保持面部的滋润和清洁,做到每天都要清洁面容、洗发、剃净胡须,鼻孔内毛发应及时修剪。

眼角的分泌物要及时清理,随时注意。

2. 化妆

农机合作社人员以淡雅的工作妆为宜,略施粉黛,清新自然。特别是白天,不能化浓妆。

不能当众化妆或补妆。上班前或参加活动前就要化好妆,其间需要补妆要到洗手间或化妆间进行,不能在大庭广众之下进行。

(三)仪态礼仪

1. 微笑

微笑是一种国际礼仪,能充分体现一个人的热情、修养和魅力。真正甜美而非职业性的微笑是发自内心的,自然大方。要与对方保持正视的微笑,有胆量正视对方,接受对方的目光,微笑要贯穿礼仪行为的整个过程。

2. 目光

与人谈话时,大部分时间应看着对方,正确的目光是自然的,注视对方眉骨与鼻梁三角区，不能左顾右盼，也不能紧盯着对方。道别或握手时目光正视对方的眼睛。陌生人看大三角，一般熟悉的人看正三角，非常熟悉的人看倒三角。

3. 站姿

抬头、挺胸、含颚、收腹、提臀、双肩自然下垂。男士：双脚分开，比肩略窄，双手交叉，放于腹前或体后。女士：双脚并拢呈 V 字形或"丁"字状站立，双手交叉放于腹前，右手放在左手上，食指微翘。头顶书腿夹纸是练习站姿的基础功课。

4. 坐姿

入座要轻，坐满椅子的三分之二，轻靠椅背。双膝自然并拢（男士可略分），头平正、挺胸、夹肩、立腰。如长时间端坐，可将两腿交叉重叠，注意将腿回收，大腿与小腿呈 90 度，大腿与上身呈 90 度。

5. 行姿

女士：抬头、挺胸、收腹、手自然摆动、步伐轻盈，不拖泥带水，身体有上拉的感觉。男士：步伐稳重，摆臂自然，充满自信。

6. 手势

手势是谈话必要的辅助手段，幅度和频率不要过大，在示意方向或人物时，应用手掌，切不可用手指。示意他人过来时，应用手掌，掌心向下，切不可掌心向上。

四、合作社常用职业礼仪

（一）商务礼仪

1. 开门

向外开的，先向外开门，把住门把手，请客人先进。向内开的，自己先进屋，侧身把住门，请客人进。送客时，主动为客人开门。

2. 电梯

电梯内有人，按住"开"按钮，请客人先上先下。无人时，自己先进按住"开"的按钮，请客人进，下时请客人先下。

3. 上下楼梯

上楼梯时,尊者客人在前,主人在后。下楼梯时,客人在后,主人在前。

4. 奉茶

要及时,开水宜在70℃左右,水倒七分满。

5. 握手

五到——身到、笑到、手到、眼到、问候到;握手时间3~5秒为宜,力度适中。遵循贵宾先、长者先、主人先、女士先的顺序。

(二)介绍礼仪

介绍他人时,掌心向上,手背向下,四指伸直并拢,拇指张开,手腕与前臂成一直线,以肘关节为轴,整个手臂略弯曲,手掌基本上抬至肩的高度,并指向被介绍的一方,面带微笑,目视被介绍的一方,同时兼顾客人。介绍自己时,右手五指伸直并拢,用手掌按自己的左胸。介绍时,应目视对方或大家,表情要亲切坦然。注意不要用大拇指指着自己,也不要用食指指着别人。

(三)名片礼仪

1. 名片上的头衔不超过两个。

2. 名片用纸优质,色彩忌杂乱。

3. 以双手递名片,两手大拇指按名片上两角,两手掌托住名片,正面朝上,字的正向对方,身体微倾向对方,并简单寒暄"多多关照"。

4. 不可无故拒绝别人索要名片的要求。

(四)同行礼仪

1. 两人行,右为尊,三人同行中为尊,四人不能并排走。

2. 保持距离,适当的距离感可以营造 种更宽容、和谐的氛围,通常认为:1.2~1.6米为社交距离;0.5~1.2米为私人距离;小于0.5米为亲密距离;大于3.6米为公共距离。

(五)鼓掌礼仪

鼓掌含有欢迎、赞许、祝贺、感谢、鼓励等语意。鼓掌时应用右手手掌拍击左手手掌心,不可用指尖轻拍左掌心。

（六）电话礼仪

1. 接听电话

（1）当对方需要留言时，要客气地请求对方稍等一下，让自己准备好笔和纸。

（2）停止一切不必要的动作，不要让对方感觉到你在处理一些与电话无关的事情，对方会感到你不尊重他。

（3）抓好电话，以免电话从你手中滑下来，或掉在地上，发出刺耳的声音。

（4）三声之内接起电话。

（5）主动问候，报单位、部门，并介绍自己。

（6）如想知道对方是谁，不要唐突地问"你是谁"，可以说"请问您哪位"或者可以礼貌地说"对不起！可以知道怎样称呼您吗？"。

（7）带着微笑接电话，让对方也能在电话中感受到你的热情。同时注意说话速度、措辞、避开嘈杂场所。

（8）当电话线路发生故障挂掉电话时，应主动回拨对方电话，并表示歉意。

（9）当听到对方的谈话很长时，也要使用"是的"、"好的"等来表示你在听。

（10）须搁置电话时或让宾客等待时，应予以说明，并致歉；每过20秒留意一下对方，向对方了解是否愿意等下去。

（11）对方需要帮助，要尽力而为。

（12）在电话结束时，应用礼貌的态度，感谢对方来电。

（13）要经常称呼对方的尊称，这样表示对对方尊重。

（14）不可责骂打错电话的人。

2. 拨打电话

（1）拨打电话要选择时间。上午8点前、11点后不宜打电话；午休时和下午5点后不宜打电话；晚上8点以后尤其是深夜不宜打电话。

（2）拨打电话时要用问候语。打电话时应该使用"您好""打扰了"等礼貌用语。

（3）不要长时间拨打别人电话。拨打别人电话时，对方未接时，通常响几声铃声后，应当挂断，不要长时间拨打，更不能连续、反复拨打。

（4）错过电话后要及时回拨。

（5）对方接通电话时，要问对方是否方便，当对方说"在开会"或"在开车""不方便"时，应马上挂断电话。

（6）拨通对方电话时，要说清楚打电话的目的和意图。

（7）打错电话时要道歉。

（七）谈判礼仪

1. 谈判时要尊重对手

谈判时，应以尊重、平等的态度对待谈判对象，说话、讨论时应避免攻击性言语，应避免使用容易引起对方反感的肢体语言。

2. 谈判时要懂得让步

谈判过程中，应根据对方的要求适当妥协，力求双赢的结果。

3. 拒绝对方要注意时机

拒绝别人的请求前应认真考虑，尤其是不要当着众人的面拒绝，免得让别人难堪，同时应选择心平气和的状态，应选择对方有空闲的时间。

4. 拒绝时不应含糊

拒绝别人时态度应坚决、清楚、明白，避免让对方认为还有机会。

5. 拒绝时不要把话说得太绝情

虽然拒绝别人时不能含糊其辞，但言语上也不能太刻薄、绝情，应委婉，给对方以鼓励和安慰。

6. 做业务介绍时，切忌诋毁竞争对手

做业务介绍时，既应避免对竞争对手进行恶意贬低，也应避免对自己的业务过分地夸大。

第五章 实用农机化技术与装备

第一节 水稻机械化生产技术

一、毯状苗机械化育插秧技术

水稻毯状苗机械化育插秧技术是重庆市最早试验推广、应用最为广泛的一项实用技术。其特点在于可使用轻简式播种器代替昂贵的播种育秧流水线，并且直接播种于苗床上的秧盘里，无须播种后再次摆盘，同时以厢沟处的稀泥取代营养土，操作方便、轻简节本、易于推广。该技术模式包括机械化耕整地、育插秧、田间管理、收获、烘干、秸秆还田等内容。具体技术路线如下：

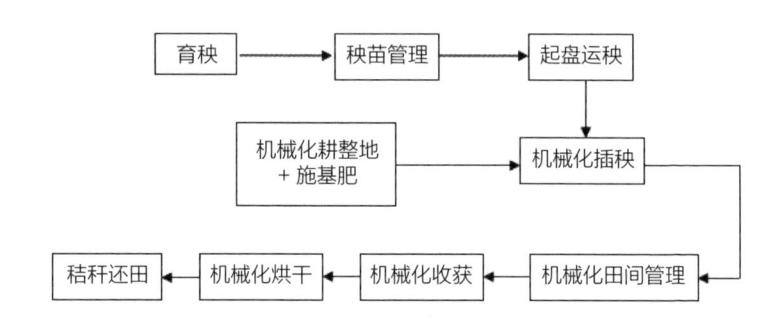

```
育秧 → 秧苗管理 → 起盘运秧
                        ↓
机械化耕整地   →   机械化插秧
+ 施基肥                  ↓
秸秆还田 ← 机械化烘干 ← 机械化收获 ← 机械化田间管理
```

二、钵苗机械化移栽技术

水稻钵苗机械化育插秧技术是近几年兴起的一项水稻种植技术。其特点在于采用专用硬质钵体盘育秧，省工省种省营养土，且秧苗在独立的钵里生长，营养吸收充分，苗体更加健壮；移栽时使用专用的钵苗移栽机，从秧盘底部顶出秧苗，使其落下并栽植到田间，无须抓取秧苗根部，不伤根；移栽后秧苗分蘖早而多，无返青期，有利于促进水稻早生快发，增加水稻有效分蘖。对比常规的毯状苗育插秧，该技术增产增收明显。但因该技术模式需要购置专用育秧设备、专用育秧硬盘、专用插秧机，购置成本高，导致推广使用受限。

三、钵毯苗机械化育插秧技术

水稻钵体毯状苗机械化育插秧技术及其相关配套机械设备由中国农业大学研发。其特点在于采用专用的大钵体毯状苗育秧盘，既能在育秧时增加个体秧苗有效营养供给，培育出更加健壮的秧苗；又能保证所育秧苗呈毯状，以便利用现有的毯状苗机插秧技术；同时，插秧时插秧机抓取秧苗毯状部分的侧根，不伤及钵体里的主根。该技术结合了毯状苗育插秧技术和钵苗移栽技术的优势，减少了机插秧植伤、栽插无返青期、延长了水稻生长有效期、提升了稻米品质和产量，同时可利用现有毯状苗插秧机进行机插秧作业，减少了种植成本，具有良好的推广前景。近年来，重庆市引进该项技术进行了试验和推广应用，效果良好，特别是水稻增产增收情况显著。2019 年在巴南、永川、垫江、梁平、涪陵、荣昌等地开展试验示范，经测产较毯状苗机械化育插秧技术模式平均增产 70.2kg，深受种植户的欢迎。

四、机械化直播技术

水稻机械化直播技术是重庆市近年来开始推广的农机化技术之一。其特点是直接将谷种播于大田里，无须单独育秧后再移栽，减少了繁琐的生产环节，供选择的直播方式和直播机具也更加灵活，和传统的水稻育插秧相比轻简高效、节本明显。该技术在排灌条件好的地方具有较高的推广价值，在泥脚较深或宜机化改造后容易沉降的稻田里更为适用。

第二节 油菜机械化生产技术

一、机械化开沟技术

油菜属于旱地作物，地块积水会严重影响其生长，因此，开沟排水是耕整地环节中至关重要的一点。排水沟包括主沟、围沟和厢沟，主沟是油菜种植区内承担主要排水功能的排水沟，围沟是油菜种植地块沿边界开挖并与主沟连通的排水沟，厢沟是把油菜种植地块分割成条带形厢块的排水沟。

开沟时采用动力机械配套开沟机进行作业，要求保持沟沟相连、排水通畅。

若是旱地，则在油菜播种前开沟。主沟：间距8~12m、宽30~40cm、深30~40cm；围沟：宽25~40cm、深30~40cm；厢沟：间距2~6m、宽15~20cm、深15~20cm。

若是稻油轮作的水田，则在水稻收获后及时开主沟、围沟排水，播种前开厢沟。主沟：间距8~12m、宽30~40cm、深30~40cm；围沟：宽25~40cm、深30~40cm；厢沟：间距2~6m、宽15~20cm、深15~20cm。

如后续播种时采用带开沟功能的播种机作业，则不用单独开厢沟。

二、机械化直播技术

油菜可以通过育苗移栽和直播两种方式进行种植，重庆市通常采用更加轻简的机械化直播技术。机械化直播是指用播种机械直接将种子播到地里，包括撒播、精量直播等方式，土壤黏重、含水率高的地块宜选择机械撒播。

（一）播种期

海拔500m以下地区，宜播期9月20日至10月20日；海拔500m

以上地区，宜播期9月10日至10月10日。

（二）施基肥

播种前5~7天，撒施25~35kg/亩油菜专用配方肥作为基肥，也可播种时同步施基肥。

（三）播种量

机械撒播：播种量250~400g/亩（1亩=666.7m²，后同），同时撒播尿素5kg/亩；精量直播：播种量200~300g/亩，按需求调好种肥用量后联合播种。播期推迟或土壤含水率高、残存物较多的地块应加大播种量。

（四）播种要求

播种均匀，且精量直播的边行应离沟边10~15cm。若是机械撒播，则可在播种后根据土壤墒情用旋耕机进行浅旋盖种。

三、机械化田间管理技术

油菜田间管理包括查苗补种、苗期除草、病虫害防治、施追肥、理沟排渍等内容。

（一）查苗补种

播种后要及时检查出苗情况决定是否补种，出苗率低的应及时进行补种作业，保证成苗密度，成苗密度控制在2~3万株/亩。

（二）苗期除草

油菜生长初期，要注意田间除草。油菜5~7叶时，应用植保机械喷施选择性除草剂灭杀杂草。

（二）病虫害防治

油菜生长过程中，要随时观测其病虫害情况，并根据病虫害测报情况，采用植保机械喷施适合的药剂进行病虫害防治。苗期重点防治蚜虫、菜青虫等，蕾薹期和初花期重点防治霜霉病、菌核病等。

（四）施追肥

油菜生长期间，需要根据苗情施追肥。一般来说，苗期或蕾薹期每亩追施尿素3~5kg，初花期每亩追施硼肥1.5kg，与防菌核病药液混合施用。施追肥时可使用背负式施肥机或植保无人机。

（五）理沟排渍

油菜生长期间，要时刻保持主沟、围沟、厢沟排水畅通。因此，一旦发现排水沟有堵塞情况，需要及时理沟排渍。

四、机械化收获技术

油菜机械化收获对提高生产效率、降低生产成本有极为显著的效果。油菜机械化收获包括割倒和脱粒两个环节，分为联合收获和分段收获两种方式，在条件合适的地方，宜选择更加节本增效的联合收获方式。

（一）联合收获

机械化联合收获是指使用联合收获机一次性完成割倒、喂送、脱粒、分离、清选等多项作业，直接收获得到油菜籽的一项技术。联合收获作业前，应根据油菜的收获特性对联合收获机的割台、主割刀、拨禾轮、清选筛等部件作适应性调整。采用联合收获，应在90%以上油菜荚果自然脱水、外观呈黄色或褐色时，于晴天早晚或阴天及时机收。联合收获效率高，节本明显，利于抢农时，但由于油菜分枝繁茂，所有荚果难以完全同一时间成熟，联合收获难免会造成一定的损失。

（二）分段收获

机械化分段收获是指采用割晒机将油菜割倒，使其自然晾晒成熟，然后再脱粒获得油菜籽的一项技术。分段收获应在80%~90%油菜荚果呈黄绿或淡黄色时，采用割晒机割倒，晾晒5~7天后进行脱粒。分段收获相对联合收获来说工序较多，效率较低，生产成本较高，但损失率较低，且部分条件较差不利于联合收获机作业的田块更适合分段收获。

五、机械化干燥技术

油菜机械化干燥是指采用烘干机，通过相应的工艺和技术措施来控制温度、湿度等因素，使油菜籽含水量达到国家安全贮存标准。油菜机械化干燥效率高、劳动强度低，能避免雨天的影响，且不会损害油菜籽的品质。目前，油菜烘干机采用的干燥方式主要是加热干燥。

油菜在干燥过程中应根据不同的干燥方式及油菜籽用途，严格控制热风温度和油菜籽温度。当油菜籽原始含水率大于18%时，采用混流干燥方式的最高热风温度为90℃，采用滚筒干燥方式的最高热风温度为110℃，采用流化床干燥方式的最高热风温度为90℃；当油菜籽原始水分在12%~18%时，采用混流干燥方式的最高热风温度为110℃，采用滚筒干燥方式的最高热风温度为130℃，采用流化床干燥方式的最高热风温度为120℃；当油菜籽原始水分含量小于12%时，采用混流干燥方式的最高热风温度为130℃，采用滚筒干燥方式的最高热风温度为150℃，采用流化床干燥方式的最高热风温度为140℃。种用油菜籽在干燥过程中油菜籽温度不应超过43℃，采用混流干燥方式的热风温度不应超过70℃；加工用油菜籽在干燥过程中油菜籽温度不应超过60℃。

六、机械化秸秆还田技术

油菜收获后农田里留有秸秆残茬，将会对下季作物的种植造成影响，因此需要对油菜秸秆进行还田处理，重庆市通常采用秸秆翻埋还田的方式处理油菜秸秆。使用秸秆粉碎还田机械将油菜秸秆就地粉碎并与表层土壤充分混匀，使其在土壤中分解腐烂，后茬种植水稻的，还可以用铧式犁进行翻埋作业。秸秆粉碎还田不但可以处理秸秆残茬，还可以达到改善土壤结构、增加土壤有机质含量的效果。秸秆还田技术是当今世界上普遍重视的一项培肥地力的增产措施，在杜绝了秸秆焚烧造成大气污染的同时还起到了增肥增产作用，生态和经济效益突出。

此外，油菜秸秆可使用秸秆粉碎机磨成细碎状，随后与苜蓿、芝麻等制成混合饲料饲喂牛羊等牲畜；或是利用油菜秸秆与其他原料混合进行厌氧发酵产生秸秆沼气，提高产气率，发挥节能减排作用；同时也可以通过代料栽培技术，利用油菜秸秆代替木料栽培木腐类食用菌。

第三节 马铃薯机械化生产技术

一、机械化起垄技术

在机械化起垄之前，需要对土地进行耕整地作业，对于黏重土壤，可根据需要实施深松作业，提高土壤的通透性。耕整地是马铃薯生产的基础，目的是改良土壤物理状况，提高土壤孔隙度，加强土壤氧化作用，调节土壤中水、热、气、养的相互关系，消灭杂草病虫害等，为马铃薯的种植和生长创造良好的土壤条件。一般是利用旋耕机进行旋耕作业后再利用起垄机进行起垄作业，有条件的地方推荐使用旋耕起垄机复式作业一次性完成。

重庆丘陵山地的马铃薯在宜机化改造之后的土地上种植时，推荐采用垄作的种植方式。即在土地耕整好之后，利用起垄机进行起高垄作业，或者在前茬作物收获之后，择机利用旋耕起垄机，一次性完成旋耕起垄作业，一般推荐垄沟宽为40cm，垄底宽为70cm，垄高为15cm以上。高垄不仅可以有效提升土层厚度，还能增加光照面积，促进其进行有效的光照作用。而随着垄高的增加，还能使根系实际活动范围增加，使马铃薯生长所需养分得到保证。推荐使用旋耕起垄复式作业机具。

二、机械化播种技术

播种前，应针对当地各种病虫害实际发生的程度，选择相应防治药剂进行拌种处理。在切割薯块时，切刀需用药液处理。为适应机械化作业，防止种薯块间粘结，需用草木灰或生石灰等拌种。

在起垄作业之后，采用大垄双行覆膜马铃薯播种机一次性进行播种、施肥、覆膜作业，或者在地块较长并方便转弯半径较大的作业机具调头的地块,可以在土地未旋耕之前,利用马铃薯旋耕起垄播种机,一次性完成旋耕、起垄、施肥、覆膜等作业。

播种时适当密植,早熟品种播种密度4000株/亩,中晚熟品种播种密度2800株/亩。播种深度在10cm左右,在土壤温度低、湿度大的地块,应适当浅播种,等出苗后利用中耕培土调节种薯深度;在地温高而干燥的地区,宜深播。在播种的同时根据当地农艺要求施肥,并覆盖地膜。地膜覆盖能有效提高地温,改善耕作层土壤环境,并能充分利用太阳能,储藏光热于土壤中,此作用能满足种薯萌发和根系生长对温度的要求,并能促进植株营养器官快速生长,延长生长期,有利于结薯,而在海拔较高且较阴湿地区种植马铃薯,覆膜对提高地温,改善热量条件,促进正常成熟和提高产量具有显著的效果。

三、机械化田间管理技术

马铃薯的田间管理主要包括间苗、除草、培土、追肥、控墒和病虫害防治等,统称为田间管理作业,必要的田间管理是保证马铃薯高产、高效和优质的有效措施。间苗是为了控制作物单位面积的有效苗数,以保证薯苗在田间的合理分布,间苗一般采用人工进行作业。机械化田间管理技术主要包括机械化中耕除草、机械化追肥、机械化控墒、机械化植保等内容。

(一)机械化中耕除草

中耕是在作物生长过程中利用中耕机进行表土的除草、松土和培土等工作,以疏松地表、消灭杂草、蓄水保墒、改善作物的生长环境。间苗和追肥一般也可以与中耕同时进行。通过机械中耕,在除草的同时,向马铃薯根部培土,为促进马铃薯块茎生长、防止倒伏创造良好的土壤条件,中耕是以松土良好、高除草率、不损伤薯苗、不压到薯苗为最佳效果。

马铃薯中耕一般在苗期和封行前进行,马铃薯中耕除草、培土2~3次(每次间隔10天左右,中耕应做到前期深、后期浅),在植株封垄前培完。第一次培土要早，以利于促进早结薯；当苗高 15~20cm 时应进行第一次中耕培土，并除掉行间杂草；在现蕾期进行第二次中耕除草、培土；在植株开花期封垄前进行第三次中耕除草、培土。最后一次培土要尽量高一些，以利于薯块生长发育与膨大，并防止块茎外露变绿而影响食用品质和商品性。

（二）机械化追肥

马铃薯增产很大程度上得益于巧施追肥，即一般在返青至拔节期，根据农艺要求和生长状况选择肥料，利用施肥机械将肥料按一定比例聚集在作物生长根系、叶面附近，以被高效吸收。

追肥的时间一般选择幼苗长至 4~6 片叶时，根据苗的长势和叶色追施一次稀粪水或每亩追施 4~5kg 尿素作提苗肥。植株生长过程中如果土壤中氮肥过多、遇连续阴雨天气或者光照不足，植株容易徒长，营养物质大量向茎叶输送，出现只长苗、不结薯或结薯延迟的现象，影响马铃薯早熟高产。此时应使用一些生长调节物质来调控马铃薯植株地上部与地下部的生长，调整光合产物的分配，有效抑制植株地上部的生长，促进植株地下部块茎的膨大。

（三）机械化控墒

控墒是指根据农艺要求，利用水利设施或者灌溉设备有计划地控制土壤墒情，以促使稳产高产。根据马铃薯品种、栽培模式、产量目标和当地水源情况，在满足马铃薯不同生长期需水量基础上，确定选择控墒技术。在水源充足且水利基础设施较好的地区，可以直接利用沟渠实现排灌水来控墒，而对于水源不好且水利基础设施不好的地方，则需要利用灌溉设备来进行控墒，常用的灌溉设备一般有固定式和移动式，其中固定式灌溉设备一般是利用固定在泵房里面的电动离心泵并配合使用固定管道来进行灌溉，还可以在管道末端增加喷灌或者滴灌设备；而移动式灌溉设备主要有汽油机离心泵、柴油机离心泵、潜水电泵等机械。

（四）机械化植保

马铃薯在生长过程中经常会遭受到病、虫、草危害，造成减产甚至绝收，所以病虫草害防治是稳产高产的保证。病虫害防治常用方法是化学防治，即利用植保机械喷施化学药剂来消灭病虫草害，具有操作简单、防治效果好、生产效率高且受地域和季节影响小等优点。也可以利用社会化服务的无人机服务队进行植保飞防。

危害马铃薯植株最严重的虫害是蚜虫和蛴螬、地老虎等地下害虫。对于蚜虫的防治一定要及早发现，及时喷药防治；否则，蚜虫不仅危害植株，还会传播多种病毒，易使植株感染病毒病。防治蚜虫可选用吡虫啉、抑太保等药剂，均匀喷施于叶片背面，有良好的防治效果。防治蛴螬、地老虎等地下害虫可用美曲膦酯晶体、辛硫磷乳油等药剂，兑少量水稀释后拌细土混匀拌成毒土，在播种时均匀施入播种沟内。

马铃薯晚疫病是由致病疫霉引起，导致马铃薯茎叶死亡和块茎腐烂的一种毁灭性卵菌病害。晚疫病的防治要从选种开始，一是选育和推广抗病品种。利用抗病品种是防治晚疫病的重要措施。二是建立无病菌留种地。由于病薯是主要的初侵染来源，建立无病菌留种地，可以减少初期菌源。留种地应采取更为严格的防治措施。有条件的地方、留种地应与大田相距 2.5km 以上。在二季栽培地区，秋播马铃薯发病轻，更适于作种薯。三是轮作与清洁田园。与非茄科作物实行 2~3 年轮作，严禁与西红柿连作，并及时清洁田园。四是药剂防治。种薯处理可用霜脲·锰锌可湿性粉剂或锰锌·氟吗啉可湿性粉剂加水后均匀喷洒在种薯块上，或用加细土或细灰混合均匀后拌在种薯块上，拌种后的薯块用塑料布覆盖 12~24h 后再播种。在中心病株出现后，田间喷药如果及时，在发病初期开始施药，也可收到良好效果。加强病情测报，指导药剂防治。在每年易发病地区，设立发病中心观察圃。

四、机械化杀秧技术

马铃薯联合收割机因为整机较长，转弯半径大，不适合在丘陵山区使用，故马铃薯的收获方式推荐采用先杀秧后翻收的分段收获方式。根据马铃薯的种植模式和垄宽选择合适的马铃薯杀秧机，在植株 70% 叶片落黄时择土壤墒情及时进行杀秧切蔓作业。杀秧机上飞速旋转的刀片将马铃薯的藤蔓茎叶粉碎还田，除去茎叶的马铃薯成熟得比较快，它的表皮变硬，水分减少，可减少收获时的损伤，同时也可减少收获作业过程中缠绕、壅土和分离不清的现象，以利于机械化收获。

五、机械化收获技术

同样，根据马铃薯的种植模式和垄宽选择合适的马铃薯收获机，在杀秧切蔓之后，将土壤晾晒3~7天，再利用马铃薯收获机先将薯块和土壤一起挖掘，再通过振动筛将马铃薯和土壤分离后将薯块平铺于地面上，最后利用人工捡拾薯块的方式装箱收集；或者利用马铃薯半联合收获机，将马铃薯翻收，分段装箱收集。马铃薯收获应及时，以免遭受霜冻或者遇阴雨天薯块霉烂，在收获过程中，挖掘深度一般为10~20cm，以尽量减少块茎的丢失和损伤，同时使薯块与土壤、杂草彻底分离，利用人工捡拾时，应使薯块在地面成条铺放。

第四节 果园机械化生产技术

一、机械化果园建园技术

重庆是我国南方丘陵山区的一个典型缩影，境内沟谷纵横，山峦起伏，坡度陡峭，地势险要，土壤黏重，类型多样。而重庆的果园大多处在丘陵地带，不平整的路面导致了生产机械的通过性不佳，加大了机械化种植的难度，从而导致果园生产机械化的推行难度加大。所以随着重庆水果产业的快速发展，果园机械化生产首先需要从改变生产条件着手，建设机械化果园，以地适机、以机换人，从而实现果园高效生产。

以柑橘机械化果园建设为例，宜选择地块相对集中连片、日照较充足、土层较深厚、坡度5°~25°的坡地或弃耕地，通过采用挖掘机、推土机等工程技术手段因地制宜整治为缓坡地或平地果园和梯台果园，以满足各种果树的标准化定植要求。按照园地坡度，坡度不大于10°的平坝建设为缓坡地或平地果园，坡度10°~25°的坡地建设为台面较宽的梯台果园，台面坡度不大于5°。其中缓坡化地块按照宽5m或8m或13m或18m设置行间距，地台台面宽设置为4.5~5m；园区内合理布置转运及机耕道路，柑橘种植区禁止设置便道；排水系统的设置以疏通背沟及边沟为主，种植区内不设置厢沟或主排水沟，根据雨量和排水需要设置管径250mm或300mm的暗沟，以满足大中型机械行进作业。

二、机械化定植技术

机械化果园土地宜机化改造完成后，进行标准化定植，推动实现整地、定植、机械化作业的农机农艺融合。根据不同类型果树的生长势设置行株距，比如柑橘定植行距设置为4.5~5.5m，株距设置为2.8~3.5m，行向要求尽量长。台地要求靠外沿1.5 m开挖定植沟定植幼苗，为减少树下除草工作，可覆膜栽植，果园其余行间用于绿肥种植。

在放好定植线后，定植穴尺寸一般要求长宽深各不小于50cm，可选用小型挖掘机（斗容0.3m^{3}左右）进行作业，也可用拖拉机悬挂挖坑机进行定植穴开挖作业，效率高，辅助人工劳动强度小。定植穴开挖后需要辅助人工完成底部有机肥（渣）预埋及苗木定植工作，定植后回填适量商品有机肥或腐熟有机肥，浇足定根水。

三、机械化深松技术

果园机械化深松一般采用90马力以上拖拉机配套深松机作业，作业机具外形宽度不超过2m，刀片数量以3片为宜，最外侧刀片不超过树冠滴水线内20 cm，深松作业质量应符合相应农艺要求。果园机械化深松在生产上多在秋冬季进行，以秋季最为适宜。果园深松深度一般要求为30~40cm，2~3年进行一次。

四、机械化管理技术

（一）土壤管理

1. 除草清园

园内杂草高度过高时，使用70马力以上牵引式、乘坐式拖拉机配套高速旋耕机或割草机刈割杂草。作业机具外形宽度不超过2m，旋耕转速宜高于360r/min，旋耕深度≥15cm，旋耕作业质量应符合NY/T 499-2013。

2. 生草栽培

果树行间绿豆、大豆等豆科绿肥，黑麦草、三叶草等禾本科绿肥轮作，在绿肥初花期前翻压还土。旋耕深度、旋耕作业质量应满足农艺要求。

（二）肥料管理

1. 沼液沼渣施入

深松作业后，利用灌溉管网搭配自动控制系统或沼渣沼液运输车进行施入腐熟沼渣沼液，沼渣沼液施入量应满足果树生长的农艺要求。

2. 固体有机肥施入

用80马力以上拖拉机配套开沟机，在树冠滴水线下，进行开沟作业，深度40cm，施入量、施入时期应满足果树生长的农艺要求。

3. 根外追肥及植保作业

根据生长发育期及果树缺素情况使用风送式果林喷雾机、植保无人机等进行根外追肥，并同时进行植保作业和病虫害防治。根外追肥常用肥料种类及施用浓度、病虫害防治常用药物种类及施用浓度应满足果树生长的农艺要求。

（三）水分管理

1. 灌溉

适时灌溉。可利用机动式、风送式灌溉设备，或灌溉管网作业。

2. 排水

雨季前，及时清理、疏通排水沟。

（四）树体管理

1. 树体修剪

根据果树长势，使用电动剪枝机等修剪机具搭配升降作业平台完成修枝作业。

2. 粉碎处理

使用枝条粉碎机开展枝条粉碎作业，若枝条量较少，可移动枝条粉碎机就地处理覆盖根树盘，病枝、虫枝则应带出园外，粉碎处理后添加厌氧发酵菌覆盖薄膜密闭发酵，待腐熟后使用。

五、机械化运输技术

丘陵山区果园作业条件差，机械化水平低，其中肥料物资及采摘果实的运输也是制约果园机械化水平的重要因素。而丘陵山区果园更要求运输设备占用空间小，爬坡性能强。2021年来，丘陵山区果园机械化运输技术取得了突破，国内外研究开发了多种果园运输机械，常用的果园运输机械主要有履带式运输机、轮式运输机、单轨轨道运输机和双轨轨道运输机等。

六、水肥一体化技术

与传统模式相比，水肥一体化是将灌溉与施肥融为一体的农业新技术，实现了水肥管理的革命性转变，即渠道输水向管道输水转变、浇地向浇庄稼转变、土壤施肥向作物施肥转变、水肥分开向水肥一体转变。因此水肥一体化技术是发展高产、优质、高效、生态、安全现代农业的重大技术。水肥一体化是借助压力系统（或地形自然落差），将可溶性固体或液体肥料，按土壤养分含量和作物种类的需肥规律和特点，实现随水施肥、水肥同步管理和高效利用。水肥一体化技术模式主要有滴灌水肥一体化模式、微喷灌水肥一体化模式和膜下滴灌水肥一体化模式。

（一）滴灌水肥一体化模式

滴灌水肥一体化技术是指按照需水需肥要求，通过低压管道系统与安装在毛管上的滴头，将溶液以水滴的形式均匀而缓慢地滴入作物根区土壤，延长了灌溉时间，可以较好地控制水量。以滴灌技术施肥不会破坏土壤结构，土壤内部水肥气热适宜作物生长的状态，渗漏损失小。

滴灌水肥一体化技术应用广泛，不受地形限制，即使在有一定坡度的坡地上使用也不会产生径流影响，不论是密植作物还是宽行作物都可以应用。但滴灌系统对水质要求严格，所以选择好灌溉水源、肥料和过滤设备是保证系统长期运行的关键。常用的过滤器主要有筛网式过滤器和碟片式过滤器，过滤网规格一般为 100~150 目。在现代农业发达的国家，滴灌技术已经相当成熟了。在美国滴灌技术已应用到马铃薯、玉米、棉花等 30 多种作物的灌溉中。

（二）微喷灌水肥一体化模式

喷灌技术是以高压把水喷到空中，然后落到植株和土壤表面进行灌溉，该技术在我国已经比较成熟。但水滴在空中飞行会受到空气阻力和大气蒸发以及飘移等因素引起水分的损失，在光照较强，温度高且湿度小的情况下，喷灌水量蒸发可达 42%，而且落到植物冠层的水分也很难吸收。于是，微喷灌技术应运而生。

微喷灌技术是低压管道系统，以较小的流量将灌溉液通过微喷头或微喷带，喷洒到植株和土壤表面进行灌溉，是一种局部灌溉技术。它可以在降低水分蒸发的同时减小滴灌系统的堵塞概率。该技术在果园、绿化带工厂化育苗中广泛应用，常见的微喷灌技术可以分为地面和悬空两种。与滴灌技术相比，微喷灌技术对过滤器的要求比较低，过滤网规格一般 60~100 目。值得注意的是，微喷灌系统易受田间杂草和作物秸秆的阻挡，进而影响灌溉效果。应根据地形、作物的条件选择合适的灌溉系统。

（三）膜下滴灌水肥一体化模式

膜下滴灌技术是把滴灌技术与覆膜技术相结合，即在滴灌带或滴灌管之上覆一层薄膜。覆膜可以在滴灌节水的基础上减少蒸发损失，还可以提高地热有利于出苗，黑色薄膜还可以抑制杂草的生长。膜下滴灌最成功的例子是新疆地区的棉花，与沟灌相比可节水53.96%，增产18%~39%。该技术主要应用于灌溉水源比较少的区域。

第五节　丘陵山区农田宜机化改造技术

一、农田宜机化改造技术背景

（一）丘陵山区农田现状限制了农业机械化进一步发展

重庆市属典型的丘陵山区，全市耕地面积共3677万亩，其中坡度15°以下的1801万亩，15°~25°之间的1043万亩，25°以上的833万亩；单块耕地面积在1亩以下的占80%以上；人均耕地1.12亩，户均耕地不足5亩，耕地分散在3处以上农户数占比高达60%。目前，重庆市主要农作物耕种收综合机械化水平仍远低于全国平均水平（2021年重庆市53.5%，全国72%）。这种结果正是丘陵山区农田现状限制了重庆市农业机械化进一步发展而导致的。

（二）丘陵山区农田现状限制了农业生产效率的进一步提升

由于受丘陵山区现有农田的限制，很多中大马力、高性能、复式作业的农业机械无用武之地，其主要原因是丘陵山区未经过宜机化改造的地块细碎，同时很多地方的农田与外部道路之间缺乏满足中大型农业机械通达地块的生产作业道路，导致中大型农机装备在丘陵山区存在下地难、作业难、效率低、成本高等问题。

（三）丘陵山区农田现状限制了耕地的有效利用

地块形状不规则，人均耕地面积小而分散，田埂及田间道路过多且错综复杂，农田所处的地理位置偏僻、条件恶劣等一系列原因造成了农田有效面积的浪费。久而久之，随着劳动力的流失而机械化作业手段无法跟进，条件较差的耕地更是无人耕作、逐步撂荒。因此，农田的有效利用受到了限制。

(四）丘陵山区农田现状限制了农机农艺的有效融合

农机农艺有效融合需要对农艺生长要求、农业机械性能、农业作业条件等多种因素综合考虑。当前，丘陵山区呈现出能种的地已经种完、小机器已饱和、小地块难施展、小规模难见效的困境。这样一来，即使相关的农艺要求能满足机械化生产作业，但现有的生产条件特别是农田现状却无法满足农业机械高质高效作业。因此，农机农艺有效融合受到了阻碍和限制。

（五）丘陵山区农田现状限制了乡村综合体建设的发展

乡村综合体以旅游为先导，产业为核心，文化为灵魂，物流为支撑，体验为价值；集创意农业、文化旅游、商贸物流、养生养老等为一体。而丘陵山区现有农田零碎分散，难以实现高质高效机械化作业、农业生产成本高等劣势导致其缺乏吸收外界资本注入的引力，对集中流转、规模生产、打造产业基地等都造成了不良的影响。过小的地块没有经济价值，过小的农业产业没有综合发展意义。因此，丘陵山区农田现状无论是打造观光旅游农业还是建设规模化农业生产基地等都不具备优势，乡村综合体建设受到了限制。

二、丘陵山区农田宜机化改造原则

（一）科学选址，集中连片

选择道路通达、土层深厚、集中连片、排灌良好，坡度25°以下的地区；项目区干部、群众和业主积极性高的优先。

（二）资源循环，绿色轻简

充分尊重自然规律，坚持资源循环和绿色低碳理念，通过机械化秸秆还田、畜禽粪污消纳、绿肥种植等方式培肥土壤；土地整治过程中，因地制宜合理利用客观条件，尽量做到依山就势，尽可能就地就近作业，最小程度挖填和最小半径转运。

（三）错位互补，传承既往

既重视农田建设的沟函路等田边工程，又重视宜机化地块整治的田间工程;对各个历史时期农田建设的可用成果充分利用和保留。

(四)循序渐进,持之以恒

坚持以点串线,以线扩面;示范带动,持续开展。

三、农田宜机化改造建设内容

(一)连通地块

通过消坎、填沟、搭接等方式,完善田间耕作道,连通地块,实现地块与耕作道、耕作道与外部路网互联互通,满足农业机械作业和进出通行需要。耕作道以土质为主,做到通道与耕地灵活转换。

(二)消除死角

对半岛、交错等影响农业机械作业的异形地块,采用截弯取直和上下左右归并方式整治,实现地块顺直。

(三)并小为大

对走向相同、高差相近的地块进行并整,实现小变大、零变整。

(四)优化布局

遵循条带状布局原则,改变短蹙状布局,尽量延伸农机作业线路,以利连续作业。

(五)贯通沟渠

根据规划设计的汇水走向,合理设置主沟、背沟、围沟。深开主沟、背沟和围沟,在汇水面的制高线处开挖截洪沟,少开厢沟支沟,做到沟渠河互联互通;沟的类型以明沟为主,在农机跨越处适当设暗沟(渗滤管);沟的材质断面以土质为主,局部硬质化;沟的功能以排为主,局部排灌兼用。

(六)培肥土壤

土地整治成形后,通过深松、旋耕等农业机械化措施,均匀搅拌生熟土,配套机械化绿肥种植、秸秆还田、粪肥还田提升土壤有机质。

(七)生态防护

保持水土坚持植被全覆盖,对改造后的边坡、田埂、耕作通道等非耕作空间种植多年生草本或木本饲（肥）料植物，对大于25°的陡坡地保留现有乔灌木。

四、农田宜机化改造技术参数

地块长宽：土块平均长应≥50m，宽能满足农机通行和折返。

单块旱地纵向坡度≤10%，横向坡度≤3%。

最大挖填深度≤1.5m。

砾石埋置深度≥50cm。

进出地块梯道坡度≤25°。

耕作道转弯半径≥5m。

耕作道宽度：2~3m。

主沟、背沟、围沟深度≥50cm。

主沟厢间距：10~20m。

整治后土层平均厚度≥整治前土层平均厚度。

背坎边坡坡度：(1:0.3)~(1:0.7)。

五、农田宜机化改造类别

（一）地块互联互通

在单块耕作条件较好的地块与地块之间、地块与路网之间实现相互联通。

地块互联互通

（二）水平条田改造

在地形相对平坦的地区，建设相同标高的条带状水田。

水平条田

（三）水平梯田改造

在地面坡度相对较大地区，依据地形建设的相同标高的阶梯式水田。

水平梯田

（四）缓坡旱地改造

坡度在 5° 以下平缓地区，依据坡向建设的条带状缓坡土地。

缓坡旱地

（五）梯台旱地改造

坡度在 5° 以上的陡峭地区，依据地形建设的阶梯状水平或斜线土地。

梯台旱地

六、农田宜机化改造建设流程

（一）地形测绘

测绘 (1:500)~(1:2000) 地形图或正摄影像图。

（二）规划设计

对项目区地形地貌进行实地查勘，结合地形图深度分析，对整体改造方案充分酝酿和反复比对，形成项目整治的总体布局、分区规划、地块设计文本，规划设计图的图标、图例、表格要清晰完备，其中地块设计要进行长、宽、高（坡向）的三维表达。

（三）现场放线

可在地形图上找参照点手工放线，也可根据坐标值使用仪器放线。

（四）工程施工

按照规划设计和现场放线方案组织施工。在施工机型选用上遵循工程机械、农业机械、大中小型机械配套组合的原则，土石方以工程机械为主，耕整地以农业机械为主，主作业面以中大机械为主，辅作业面以中小型机械为主。综合考虑天气、工序、机手等因素，在施工作业顺序上可依顺序或交叉作业，个别地方不能按照设计放线进行施工的可以根据现场实际确定。在地表生熟土是否生熟分离或生熟混合，以不影响地力为原则，土层浅、挠动大的分层作业，土层深、挠动小的混合作业。

（五）资料整理

将项目申报、立项批复（备案）、设计、施工、质检、竣工等图纸、文字、表格、影像资料进行整理归档。

（六）竣工验收

项目竣工后，按照规定报请主管部门进行竣工验收。

七、农田宜机化改造经济效益

（一）农田宜机作业节约生产成本

农田宜机化改造后，优化提升了农机装备结构，提高了劳动、物资、装备等农业全要素效率，生产耕作方式实现了传统的人畜力或小机器到中大型农业机械的重大转变，大大提高了作业效率。粮食作物每亩每茬平均节本390元（其中：机耕每亩节约60元、机播（机插）每亩节约120元、机械植保每亩节约30元、机收每亩节约180元）；165万亩粮食作物宜机化改造面积每年每茬节本6.435亿元。特色经济作物每亩每茬平均节本450元（其中：机耕每亩节约150元、施肥每亩节约100元、机植保每亩节约40元、运输每亩节约160元）经过改造的宜机化农田至少可以使用五十年，每年可以实现相同的节本情况，经济效益十分显著。

（二）增加有效耕地面积

农田宜机化改造，通过优化地块布局、小变大、短变长、乱变顺等措施，消除一些原有不需要保留的田埂、厢沟和耕作死角，使得耕地有效面积得到增加。根据统计，丘陵山区农田宜机化改造可以增加有效耕地面积3%~5%，极个别的区域达到了8%。如渝北区大盛镇青龙村，集中成片改造丘陵山地宜机化果园1650亩，经该区国土部门测绘入图有效耕地面积1758亩，比原测绘承包确权面积增加108亩，增加比例为

6.5%。有效耕地面积的增加提高了农业综合生产能力，为保证耕地红线，实现藏粮于地、藏粮于技和确保粮食安全夯实了基础。

（三）提高复种指数

农田宜机化改造后使用机械化、规模化耕种，能够针对重庆丘陵山区传统人畜力耕作水稻－油菜、高粱－油菜等连作一茬有余、两茬不足的特点，实现抢种抢收，衔接好轮作换茬；同时通过在特色经济作物行间进行绿肥机械化种植，充分利用光热资源，增加复种指数。农田宜机化改造后，农业机械的使用，极大地提高农业资源的开发利用水平和农业综合生产力，也增加了单位面积种植效益，拓宽了农民增收渠道，进一步加快农民增收的步伐。复种指数的提高还可实现耕地的自我养护和可持续利用，为保障粮食安全提供了有效途径。

（四）部分撂荒地重新得到利用

随着我国城市化发展的加快，工业化水平的提高，大量的年轻劳动力转移到了城市，同时加之丘陵山区一家一户耕地多为坡耕地且面积小、分散，种植效益低下等因素，导致丘陵山区出现土地撂荒现象。农田宜机化改造使得零碎分散的地块变得相对集中连片，改造前不适宜机械化耕作的地块能够满足机械化作业，吸引了更多的人、财、物等各类资源充实到农业发展中，促进了农村的适度规模经营，为农村的产业兴旺注入了活力。

第六节 实用农业机械介绍

一、农业机械分类

农业机械共分 15 个大类，49 个小类（不含其他），257 个品目。大类代码以 2 位阿拉伯数字表示，从"01"到"15"；小类代码以 4 位阿拉伯数字表示，品目代码以 6 位阿拉伯数字表示，最后 2 位为顺序码。代码结构图如下：

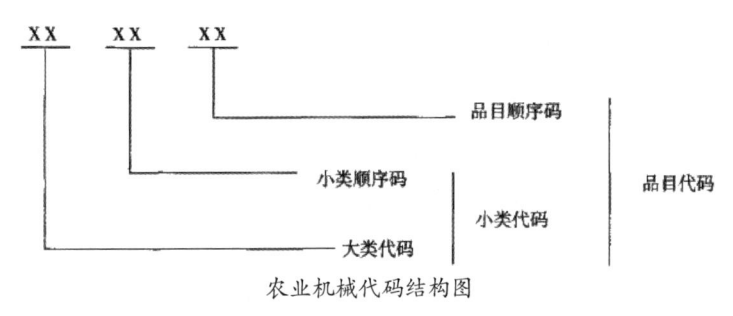

```
XX    XX    XX
 │     │     │
 │     │     └──── 品目顺序码 ┐
 │     │                      ├── 品目代码
 │     └──── 小类顺序码 ┐      │
 │                      ├── 小类代码
 └──── 大类代码
```

农业机械代码结构图

例如农业机械的代码为"010103",则表示耕整地机械类(大类代码"01")中的耕地机械类(小类顺序码"01")中的旋耕机(品目顺序码"03");又如农业机械的代码为"040104",则表示收获机械类(大类代码"04")中的谷物收获机械类(小类顺序码"01")中的全喂入自走履带式谷物联合收获机(品目顺序码"04")。农业机械分类及代码表见 NY/T 1640-2015 农业机械分类。

二、拖拉机

拖拉机是一种用来悬挂、牵引、驱动配套农机具的农业机械,是农业生产中重要的动力平台。拖拉机与农机具配套后,可进行耕整地、播种、植保、收获、运输等多项作业。前面章节中所提到的旋耕机、开沟机以及部分植保机、收获机等都需要配套拖拉机作业。拖拉机不能单独进行生产作业,但又是农业生产中应用最为广泛、最为人熟知的机械之一。拖拉机按照结构类型可分为轮式拖拉机、履带式拖拉机、手扶拖拉机和船形拖拉机。当前,<u>重庆市常用拖拉机类型为轮式拖拉机和履带式拖拉机,主推中大马力拖拉机</u>,主要品牌和型号如下。

型号名称	生产企业	主要技术参数	备注
604轮式拖拉机	约翰迪尔（宁波）农业机械有限公司	额定功率（kW）：44.1 标定转速（r/min）：2300 外形尺寸（mm）：3920×1765×2125 轴距（mm）：2140 前轮轮距（mm）：1450~1650 后轮轮距（mm）：1450~1750 地隙（mm）：335 质量（kg）：2750	该类拖拉机为中大型轮式拖拉机，适用于作业条件较好，种植规模较大的区域。
1204轮式拖拉机		额定功率（kW）：88.2 标定转速（r/min）：2100 外形尺寸（mm）：4730×2185×2760 轴距（mm）：2636 前轮轮距（mm）：1636~2036 后轮轮距（mm）：1512~2016 地隙（mm）：470 质量（kg）：4570	

续表

型号名称	生产企业	主要技术参数	备注
M704轮式拖拉机	久保田农业机械（苏州）有限公司	额定功率（kW）：51.5 标定转速（r/min）：2600 外形尺寸（mm）：3850×1965×2500 轴距（mm）：2050 前轮轮距（mm）：1420,1520 后轮轮距（mm）：1420～1720 地隙（mm）：430 质量（kg）：2210	该类拖拉机为中大型轮式拖拉机，适用于作业条件较好、种植规模较大的区域。
M954R轮式拖拉机		额定功率（kW）：70.8 标定转速（r/min）：2600 外形尺寸（mm）：4200×2130×2380 轴距（mm）：2250 前轮轮距（mm）：1660 后轮轮距（mm）：1650～1850 地隙（mm）：490 质量（kg）：2890	
LX804（窄轮距）轮式拖拉机	中国一拖集团股份有限公司	额定功率（kW）：58.8 标定转速（r/min）：2200 外形尺寸（mm）：4350×2170×2740 轴距（mm）：2314 标准前轮轮距（mm）：1330 标准后轮轮距（mm）：1300 地隙（mm）：370 质量（kg）：3540	

续表

型号名称	生产企业	主要技术参数	备注
SR1002全履带拖拉机	重庆鑫源农机股份有限公司	额定功率（kW）：73.5 标定转速（r/min）：2200 外形尺寸（mm）：4000×1950×2500 履带（节数×宽度）：53×400 地隙（mm）：465 质量（kg）：2150	该类拖拉机为中大型履带式拖拉机，适合于种植规模较大的区域，能用于作业条件较恶劣的山地、坡地以及水田等。
NF-702履带式拖拉机	湖南农夫机电有限公司	额定功率（kW）：51.5 标定转速（r/min）：2400 外形尺寸（mm）：3690×1500×2400 履带（节距×节数×宽度）：90×51×400 轨距（mm）：1100 地隙（mm）：395 质量（kg）：2255	
NA404大棚王拖拉机	山东五征集团有限公司	额定功率（kW）：29.4 外形尺寸（mm）：3307×1335×1955（安全架高度） 轴距（mm）：1735 标准前轮轮距（mm）：1020 标准后轮轮距（mm）：1070～1222 地隙（mm）：230 质量（kg）：1376	该类拖拉机为大棚王拖拉机，整体机型较小，适用于果园、茶园以及设施大棚等。

三、耕整地机械

耕整地机械类别较多，包括旋耕机、深松机、开沟机、起垄机等。

（一）旋耕机

旋耕机与拖拉机配套作业，主要用于面积较大田块耕地或灭茬，具有碎土能力强、耕后地表平坦等特点。主要机型如下。

型号名称	生产企业	主要技术参数	备注
1GKNH-230旋耕机	河南豪丰农业装备有限公司	幅宽（cm）：230 耕深（cm）：≥12 配套动力（kW）：58.8～66.2	广泛用于水田、旱地耕整地作业，适宜于中大型农业机械作业区域种植大户、家庭农场、合作社等。
1GQN-230G旋耕机	中国一拖集团有限公司	幅宽（cm）：230 耕深（cm）：12～16 配套动力（kW）：58.8～69.9	
1GL72-2300C旋耕机	江苏沃得高新农业装备有限公司	结构形式：履带自走式 工作幅宽（cm）：230 标定功率（kW）：72 履带轨距（mm）：1150	

（二）深松机

深松机通常配套较大马力拖拉机进行作业，重庆市多用于经果园及部分旱地作物，主要机型如下。

型号名称	生产企业	主要技术参数	备注
IS-200型深松机	马斯奇奥（青岛）农业机械有限公司	工作铲数（个）：4 工作幅宽（cm）：200 铲间距（mm）：50 深松深度（cm）：25～70 生产率（亩/h）：≥18 配套动力（kW）≥63 连接方式：后三点悬挂	适宜于中大型拖拉机能进行作业的果园及田块，已进行标准化改造的果园或田块更合适。
IS-200型深松机	江苏沃得高新农业装备有限公司	深松铲：4个 外形尺寸（mm）：1300×2356×1140 配套动力（kW）：58.3～80.8 结构质量（kg）：340	

（三）开沟机

开沟机通常配套拖拉机或微耕机进行作业，机械化开沟作业效率高，沟形光滑、齐整。重庆市常用的开沟机有圆盘式开沟机和链条式开沟机这两大类，主要机型如下。

型号名称	生产企业	主要技术参数	备注
1KJ/1KS 圆盘开沟机	江苏省淮安市大地机械装备有限公司	配套动力（kW）：36.8～88.3 沟深（mm）：200～400 沟面宽（mm）：20～450 沟底宽（mm）：120～300 作业效率（m/h）：2000～3500	适合于较大规模或适度规模且单块田较大的种植区域开沟作业，主要用于开主沟、背沟、围沟，所开沟形为"V"字形。
320/324/500型链条开沟机	山东高唐新航机械有限公司	配套动力（kW）：36.8～88.3 开沟宽度（mm）：200～400 开沟深度（mm）：200～400 作业效率（m/h）：2000～3500	适合于较大规模或适度规模且单块田较大的种植区域开沟作业，主要用于开主沟、背沟、围沟，所开沟形为矩形。

（四）起垄机

起垄机主要用于需要垄作的作物，包括薯类及部分蔬菜等，主要机型如下。

型号名称	生产企业	主要技术参数	备注
1GZN-135V1型旋耕起垄机	河南沃正实业有限公司（原：河南豪丰机械制造有限公司）	配套拖拉机功率（kW/马力）：36.8～51.5/50～70 轴数：单轴 耕幅（mm）：1350 垄高（cm）：30（可调） 起垄数：1垄 纯作业小时生产率（hm^2/h）：0.2～0.5	适用于在集中连片的地块或者面积较大的单块地块且偏砂性的土壤上进行起垄作业。
2CM-1H型红薯起垄施肥覆膜一体机	青岛洪珠农业机械有限公司	配套拖拉机功率（kW/马力）：≥33.1/≥45 工作行数：1垄2行 工作幅宽（cm）：110 垄顶宽（cm）：45～50 垄底宽（cm）：80 垄高（cm）：≥30 生产效率（hm^2/h）：≥0.15	
1GZ-105FV1型起垄机	威马农机股份有限公司	标定功率（kW）：6.3 起垄数：1垄 垄高（cm）：30 垄宽（cm）：50	适用于在地块面积较小的土壤上进行起垄作业。

(五) 微耕机

微耕机以小型柴油机或汽油机为动力,具有重量轻,体积小,结构简单等特点。在大型农用机械使用不便的地区,是广大农民消费者替代牛耕的最佳选择。常用机型如下。

型号名称	生产企业	主要技术参数	备注
1WG4.2-90FQ-ZCA微耕机	重庆鑫源农机股份有限公司	标定功率（kW）：4.2 外形尺寸（mm）：1540×900×960 工作幅宽（cm）：90 结构质量（kg）：64 旋耕刀形号：旱地刀 总安装刀数量：24把 主离合器形式：牙嵌离合式	广泛用于水田、旱地耕整地作业,适用于丘陵、山地作业面积较小地块,多用于个体农户。
1WG4.0-100FQ-ZC微耕机	威马农业机械有限公司	标定功率（kW）：4.0 工作幅宽（mm）：1000 旋耕刀形号：旱地刀 总安装刀数量：24把 主离合器形式：摩擦片式	
1WG2.2-66FQ-ZC微耕机	重庆舰帏机械有限公司	标定功率（kW）：2.2 工作幅宽（mm）：660 刀形号：旱地刀 总安装刀数：24把 主离合器形式：离心式 主离合器状态：常开	

四、播种机械

播种机械类别较多,包括撒播机、精量播种机以及用于马铃薯等作物播种的专用播种机等。

(一) 撒播机

撒播机通常为背负式,轻便小巧、操作简单、购买成本低,可撒播种子和肥料,亦可将种肥均匀混合同步撒播。也有拖拉机悬挂式的撒播机,该机作业效率较背负式撒播机更高。此外,在农用无人机上装载播种装置后也可以实现撒播作业。撒播机通常可用于撒播水稻、油菜、高粱等小籽粒作物。主要机型如下。

型号名称	生产企业	主要技术参数	备注
FST-D动力喷粉喷雾机	台州富士特有限公司	结构形式:担架式 结构质量(kg):30 配套动力型号:168F-1 配套动力功率(kW):4.1 配套动力转速(r/min):3600	适合于包括平坝、山地、坡地等各种作业条件区域,种植大户、专业合作社或普通散户均可购置使用。
LM-550推车式机动喷粉喷雾机	浙江菱木农机有限公司	结构形式:推车式 配套动力:电动机 功率转速(kW/r/min):2.2/1450 配套泵:三缸柱塞泵 工作压力(MPa):2~3.5 流量(L/min):10~25 转速(r/min):400~1000 喷枪喷量(L/min):≥9	
YL-160L手推式动力喷粉喷雾机	浙江勇力机械有限公司	结构形式:推车式 流量(L/min):15~25 射程(m):10 药箱容积(L):150 额定功率(kW):3.1	

续表

型号名称	生产企业	主要技术参数	备注
MG系列植保无人机	深圳市大疆创新科技有限公司	8旋翼可折叠机身 有效载荷（kg）：10 动力电池（mAh）：12000 最大作业飞行速度（m/s）：8 最大飞行速度（m/s）：12 飞行真高（m）：≤20 最大飞行海拔高度（m）：2000 加装避障雷达后具有全天候避障功能，距离障碍物（直径≥2.5cm）	适合于集中连片，空中无电线等障碍物，利于无人机作业的包括山地、坡地的区域，推荐种植大户、专业合作社购置使用。
3W-XA-P20-10型低空智能农用植保机	广州极飞科技有限公司	电动多旋翼； 作业速度（m/s）：1-8 飞行高度（m）：≤20 作业效率（亩/h）：80 喷洒流量（mL/亩）：200~800 电池寿命：300次循环 充电时间（min）：40~60	适合于集中连片，空中无电线等障碍物，利于无人机作业的包括山地、坡地的区域，推荐种植大户、专业合作社购置使用。
3WWWDZ-25L智能电动直升机	重庆天鹰兄弟无人机有限公司	作业效率（亩/h）：120~140 续航时间（min）：25 尺寸（mm）：280×2262×623 电池容量（mAh）：30000 功率（kW）：1.5 额定载荷（kg）：50	

（二）精量播种机

精量播种机通常能一次性完成旋耕整地、开厢沟、播种和施肥等多项作业且播种均匀、成穴，并能精确调节播种量。该类机具可用于播种油菜、高粱、蔬菜等小籽粒作物，另外也有用于水稻播种的精量播种机。主要产品如下。

型号名称	生产企业	主要技术参数	备注
2BFK精量联合播种机	江苏太仓项氏农机有限公司	配套动力（kW）：47.8～58.8 作业效率（hm²/h）：0.20～0.48 耕深（cm）：12～15 传动方式：中间齿轮传动 开沟深度（cm）：16～20 沟面宽度（cm）：16～20 沟底宽度（cm）：8～12 开沟器形式：刀盘式 油菜播种量（g）：50～350 行距（mm）：300 行数：6～8	适合于较大规模或适度规模且单块田较大的种植区域。
SYG-8水稻直播机	上海矢崎机械贸易有限公司	适宜搭载机型：井关用6行8行水稻直播机（SYG-68I）、洋马用6行8行水稻直播机（SYG-68Y）、久保田用6行8行水稻直播机（SYG-68K） 驱动：马达控制驱动 质量（kg）：56 排种方式：滑动滚动开口度调节式 播种间距（cm）：11.5～19.5 播种量(kg/亩)：1～15 作业速度(km/h)：1～5 作业效率（亩/h）：10	水源条件好开展水稻直播区域，适宜中型农业机械作业区域所有水稻种植对象。
2BDXS-10CP(20/25)水稻穴直播机	上海世达尔现代农机有限公司	质量（kg）：198/208 排种器形式：组合型孔轮式 播种行数：10行 行距（cm）：20/25 穴距（cm）：22, 18, 16, 14, 12, 10 每穴播种量（粒）：2～6 工作速度（km/h）：≤3.5 作业效率（亩/h）：≥4（视田块情况）	

（三）马铃薯播种机

马铃薯的播种和小籽粒作物有所不同，因此有专用的播种机。马铃薯播种机通常集旋耕、起垄、播种、施肥、覆膜乃至铺滴灌带于一体。主要产品如下。

型号名称	生产企业	主要技术参数	备注
2CM-2/1双垄单行马铃薯播种机	青岛洪珠农业机械有限公司	结构质量（kg）：200 配套动力（kW）：18～26 工作效率（亩/h）：3 工作深度（mm）：80～150（可调） 垄宽（mm）：600～800（可调） 垄高（mm）：200～250（可调） 株距（mm）：200～350（可调） 亩施肥量（kg）：0～200（可调）	适用于集中连片的地块、配套中小型拖拉机、种植模式为垄作的马铃薯播种作业。
2CM-1/2马铃薯种植机	山东希成农业机械科技有限公司	结构质量（kg）：460 配套动力（kW）：30～45 适用行距（mm）：270～350 工作行数：1垄2行 适应膜宽度（mm）：800～1000 种箱容积（L）：140 肥箱容积（L）：70	

五、水稻移栽机械

水稻移栽机械主要指水稻插秧机和钵苗移栽机等。主要产品如下。

型号名称	生产企业	主要技术参数	备注
2ZS-4(SPW-48C)水稻插秧机	久保田农业机械（苏州）有限公司	结构形式：步进式 工作行数：4 行距（mm）：300 穴距（mm）：120/140/160/180/210 插秧深度（mm）：7～37 标定功率（马力）：3.5	用于水稻机械化毯状苗或钵毯苗插秧作业，适宜于中型机械作业区域所有水稻种植户。

续表

型号名称	生产企业	主要技术参数	备注
2ZS-6(SPW-68C) 水稻插秧机	久保田农业机械（苏州）有限公司	结构形式：步进式 工作行数：6 行距（mm）：300mm 穴距（mm）：120/140/160/180/210 插秧深度（mm）：7～35 标定功率（马力）：4.5	用于水稻机械化毯状苗或钵毯苗插秧作业，适宜于中型机械作业区域所有水稻种植户。
2ZS-4A(PF48) 水稻插秧机	江苏东洋机械有限公司	结构形式：步进式 工作行数：4 行距（mm）：300 穴距（mm）：120/140/160/180/210 插秧深度（mm）：7～37 纯生产率（亩/h）：1.4～3 标定功率（马力）：3.5	
2ZGQ-6D（NSPU-68CMD）水稻插秧机	久保田农业机械（苏州）有限公司	结构形式：乘坐式 工作行数：6 行距（mm）：300 穴距（mm）：100/120/1400/160/180/210 插秧深度（mm）：10～53 标定功率（马力）：11.5	用于水稻机械化毯状苗插秧作业，适宜于大中型机械作业区域水稻种植大户、合作组织。
VP8DN(YR80D) 高速乘坐式插秧机	洋马农机（中国）有限公司	结构形式：乘坐式 标定功率（kW）：15.4 插植行数（行）：8 插植行距（cm）：30 插植株距（cm）：22/18/16/14/12/10 插植株数（株/3.3m^2）：50/60/70/80/90/105 作业效率（理论值）（亩/h）：0～11	

续表

型号名称	生产企业	主要技术参数	备注
2ZGQ-6E (PD60E) 水稻插秧机	江苏东洋机械有限公司	结构形式：乘坐式 工作行数：6 行距（mm）：300 穴距（mm）：120/140/160/190/230/270 插秧深度（mm）：8～46 标定功率（马力）：11.5	用于水稻机械化毯状苗插秧作业，适宜于大中型机械作业区域水稻种植大户、合作组织。
2ZB-6A (RXA-60T) 水稻插秧机（钵苗插秧机）	常州亚美柯机械设备有限公司	结构形式：乘坐式 工作行数：6 行距（mm）：330 穴距（mm）：124/130/132/141/145/147/155/157/165/168/179/207/219/234/249/265/282/270 插秧深度（mm）：10～40 生产率（亩/h）：4.5～6.5 标定功率（马力）：9.6	用于水稻机械化钵苗插秧作业，适宜于大中型机械作业区域水稻种植大户、合作组织。

六、田间管理机械

田间管理机械以植保机为主，包括机动喷雾机、电动喷雾机、撒肥机、弥雾机、无人植保机等。主要产品如下。

型号名称	生产企业	主要技术参数	备注
FST-D动力喷粉喷雾机	台州富士特有限公司	结构形式：担架式 结构质量（kg）：30 配套动力型号：168F-1 配套动力功率（kW）：4.1 配套动力转速（r/min）：3600	适合于包括平坝、山地、坡地等各种作业条件区域，种植大户、专业合作社或普通散户均可购置使用。

续表

型号名称	生产企业	主要技术参数	备注
LM-550推车式机动喷粉喷雾机	浙江菱木农机有限公司	结构形式：推车式 配套动力：电动机 功率转速（kW/r/min）：2.2/1450 配套泵：三缸柱塞泵 工作压力（MPa）：2～3.5 流量（L/min）：10～25 转速（r/min）：400～1000 喷枪喷量（L/min）：≥9	适合于包括平坝、山地、坡地等各种作业条件区域，种植大户、专业合作社或普通散户均可购置使用。
YL-160L手推式动力喷粉喷雾机	浙江勇力机械有限公司	结构形式：推车式 流量（L/min）：15～25 射程（m）：10 药箱容积（L）：150 额定功率（kW）：3.1	
MG系列植保无人机	深圳市大疆创新科技有限公司	8旋翼可折叠机身 有效载荷（kg）：10 动力电池（mAh）：12000 最大作业飞行速度（m/s）：8 最大飞行速度（m/s）：12 飞行真高（m）：≤20 最大飞行海拔高度（m）：2000 加装避障雷达后具有全天候避障功能，距离障碍物：（直径≥2.5cm）	适合于集中连片，空中无电线等障碍物，利于无人机作业的包括山地、坡地的区域，推荐种植大户、专业合作社购置使用。
0W XA P20-10型低空智能农用植保机	广州极飞科技有限公司	电动多旋翼 作业速度（m/s）：1-8 飞行高度（m）：≤20 作业效率（亩/h）：80 喷洒流量（mL/亩）：200～800 电池寿命：300次循环 充电时间（min）：40～60	

续表

型号名称	生产企业	主要技术参数	备注
3WWWDZ-25L 智能电动直升机	重庆天鹰兄弟无人机有限公司	作业效率（亩/h）：120～140 续航时间（min）：25 尺寸（mm）：280×2262×623 电池容量（mAh）：30000 功率（kW）：1.5 额定载荷（kg）：50	适合于集中连片，空中无电线等障碍物，利于无人机作业的包括山地、坡地的区域，推荐种植大户、专业合作社购置使用。

七、收获机械

谷物联合收获机可以收获水稻、油菜（需加纵向切刀）、高粱、小麦等各类粮油作物。针对马铃薯等根茎作物也有相应的收获机械。主要产品如下。

型号名称	生产企业	主要技术参数	备注
4LZ-2.5(PRO688Q)履带式全喂入式联合收割机	久保田农业机械（苏州）有限公司	配套发动机：立式水冷4缸涡轮增压柴油机 标定功率（kW）：49.2 变速箱类型：机械变速+液压无级变速（HST） 最小离地间隙（mm）：259 最小割茬高度（mm）：40（割刀尖） 喂入量（kg/s）：2.5 割台宽度（mm）：2000 作业小时生产率（hm^2/h）：0.2～0.53	适合于包括平坝、河谷、梯田等各种作业条件区域，注意泥脚过深的田块应谨慎作业，种植大户、专业合作社或普通散户均可购置使用。

续表

型号名称	生产企业	主要技术参数	备注
4LZ-2.5A (AW70G)/ AW85G 履带式全喂入稻麦联合收割机	洋马农机（中国）有限公司	发动机：洋马4缸水冷直喷式柴油机 标定功率（kW）：51.5～62.5 割幅（mm）：20～60 喂入量（kg/s）：2.5/3 分草前端间隔/割刀宽度（mm）：2060/1975 脱粒装置形式：纵轴流式+前滚筒 清选方式：振动、鼓风、二次还原清选 排粮高度/长度（mm）：1050～4215/0～2680 作业生产率（亩/h）：7.5/8.4	适合于包括平坝、河谷、梯田等各种作业条件区域，注意泥脚过深的田块应谨慎作业，种植大户、专业合作社或普通散户均可购置使用。
4LZ-5.0E 履带自走全喂入式谷物联合收割机	江苏沃得农业机械有限公司	最小离地间隙（mm）：320 喂入量（kg/s）：5.0 发动机功率（kW）：48 割幅（mm）：2200 脱粒方式：纵轴流脱粒齿式 清选形式：振动筛+离心风扇 卸粮方式：360°高位旋转卸粮，侧拉式大粮仓 粮仓容积（m³）：1.5 作业小时生产率（亩/h）：10.2～12.8	
4LZ-0.9LB 小型收割机	重庆鑫源农机股份有限公司	外形尺寸（mm）：3100×1450×2100 最大功率（kW）：6.8 额定转速（r/min）：3600 喂入量（kg/s）：0.9 割茬高度（mm）：300～800 作业小时生产率（hm²/h）：0.07～0.1 含杂率：≤5% 脱离机体损失率：≤1% 破碎率：≤0.5%	适合于包括平坝、河谷、梯田等各种作业条件区域，推荐普通散户购置使用，种植大户、专业合作社按需购置。

续表

型号名称	生产企业	主要技术参数	备注
4U-85型薯类收获机	青岛洪珠农业机械有限公司	外形尺寸（mm）：1700×1160×850 配套动力（kW）：22.1～29.4 结构形式：三点悬挂式 作业幅宽（mm）：850 深度调节范围（mm）：100～200 适应行（垄）距（mm）：800～1200 工作效率（hm^2/h）：≥0.20	适用于集中连片的地块、配套中小型拖拉机、种植模式为垄作的马铃薯分段收获作业。
4US-80型薯类收获机	青岛璞盛机械有限公司	整机尺寸（mm）：1110×1100×730 机器质量（kg）：110 结构形式：手扶直联 配套动力（kW）：6.4～11 工作效率（hm^2/h）：0.1～0.17 深度调节范围（mm）：100～200 作业幅宽（mm）：800	适用于面积较小地块、配套手扶拖拉机或微耕机、种植模式为垄作的马铃薯分段收获作业。

八、烘干机

烘干机可用于干燥谷物以及果蔬等，重庆市通常使用燃油式和燃气式低温循环烘干机。主要产品如下。

型号名称	生产企业	主要技术参数	备注
NEWPRO-120H烘干机	上海三久机械有限公司	结构形式：循环式 使用燃料：燃油 电机总功率（kW）：6.3 燃烧机：枪型双喷嘴，高压自动点火 最大燃烧量（L/h）：17.5 批次处理量（t）：12 入谷时间（min）：60 出谷时间（min）：58 降水率(%/h)：0.5～1（种子0.2～1）	可烘干水稻、油菜、豆类等多种粮食作物，推荐种植大户、专业合作社购置使用。

续表

型号名称	生产企业	主要技术参数	备注
5H-10烘干机	重庆市万穗机械有限公司	结构形式：批式循环 批处理量（t）：10 总功率（kW）：9.15 电压（V）：380 燃烧机形式：热风炉（煤炭或生物质燃料）、柴油燃烧机、天然气燃烧机 燃料消耗量(kg/h)：35（煤） 降水率（%/h）：1.5	可烘干水稻、油菜、豆类等多种粮食作物，推荐种植大户、专业合作社购置使用。
5HCY-15烘干机	安徽辰宇机械科技有限公司	结构形式：批式循环 批处理量（t）：15 电机功率（kW）：9 电压（V）：380/220 燃烧机形式：热风炉（煤、柴或生物质燃料） 燃料消耗量(kg/h)：30～40 降水率（%/h）：0.5~1.5	

第六章 农机合作社社会化服务

第一节 机械化耕整地作业服务

一、机械化耕整地作业基本知识

机械化耕整地主要包括耕地和整地两项内容。

机械化耕地一般是指对耕作层的土壤进行机械翻土、松碎、覆盖残茬、杂草或废料的作业,包括深松、平翻、旋耕、耙茬、起垄等农业机械作业形式。耕地的作用是疏松耕层,接纳降水,破除板结,掩埋秸秆和残茬以及消灭杂草等。按土壤耕作制度要求,确定地块适时耕地。一般在当前茬作物收获后,及早、适时地进行耕地,并结合土壤情况,不能湿耕,也不能燥耕。耕地采用的主要机具有:旋耕机、铧式犁、深松机以及中、重型耙等。

机械化整地一般是指对表层土壤进行松碎、平整及镇压的作业,整地是耕地的辅助作业,主要的作业形式有翻地后的耙地、耕地后的平整、播前镇压等。整地作用是整碎耕地后的大土块,消除大孔隙,平整地表,掩埋或混拌植株残体,消灭杂草,密实耕层和保持底墒。要求在适宜时期及早进行整地,整地后达到地表平整、耕层细碎的状态。整地采用的机具主要有轻型或中型圆盘耙、平地机以及镇压器等。

机械化深松是一种较为特别的耕地方式,它属于保护性耕作,通过深松作业可扩大土壤库容,蓄水保墒,变秋雨春用,春旱秋防。深松通常是指用凿型深松铲或铧式铲进行不翻转耕层土壤的耕作作业。深松的作用是疏松耕层,接纳降水,破除板结,掩埋秸秆和残茬、消灭杂草以及切断作物须根等。深松作业主要适用于旱田整地,土层薄的土地不宜深松。深松时间一般为春季或秋季,秋季深松有利于蓄纳秋冬雨雪,但秋季深松起垄的地块要注意起垄后应及时镇压,以防跑墒。深松的周期一般为 2~3 年。深松深度的确定要因地制宜,以打破犁底层为原则,一般为25~35cm。对于土壤比阻较大及犁底层较厚的地块，使用普通联合整地机难以达到深松整地的效果，而采用浅松铲与深松铲相结合的深松机进行复式深松作业，可分层打破犁底层，以保持耕层土壤适宜的松紧度和创造合理的耕层。深松分为全方位深松和间隔深松，全方位深松用于全面松动土壤，间隔深松用于创造虚实并存的耕层构造。深松时一般采用凿式深松铲破碎犁底层效果好，同时还要注意与轮作制相适应，选好深松的轮作年份和茬口。深松作业机具按结构分主要有柱铲式深松机和桁架式全方位深松机，按作业方式分有常规深松机、震动式深松机以及镐式深松机等。

二、机械化耕整地作业服务要求及质量

机械化耕整地作业服务需要根据所种植的农作物农艺要求确保其作业质量。比如常见的机械化旋耕、犁耕和深松作业服务需要保障不重耕、不漏耕、达到相应耕作深度及耕深稳定性等；旋耕和平地作业还需要保障地表平整度，特别是水田平地作业后平整度要求极高，能达到机械化插秧或直播的要求；旋耕、耙地等作业需要保障碎土率等。另外如机械化开沟、起垄等作业需要根据相关要求保障开沟、起垄的尺寸以及直线度等。

第二节 机械化播栽作业服务

一、机械化播栽作业基本知识

机械化播栽作业主要是指籽粒类作物，如油菜、高粱、玉米、大豆等的机械化播种作业和水稻、蔬菜等作物的机械化移栽作业。此外，水稻、蔬菜等作物也可以通过直播的方式进行种植。

机械化播种作业可分为撒播和穴播。撒播作业轻简高效，可以种肥同撒，在节约生产成本方面效果显著，但其播种量以及播种均匀度等较难把握，且播种后种子暴露于地表，对其生根及防治鸟害等可能会造成一定的影响。常用的撒播机械有背负式喷粉喷雾机、拖拉机悬挂式撒播机以及农用无人机等。穴播作业能保证播种成行成穴且精量播种，播种效果及质量较撒播更好，且部分复式作业机同时可以完成耕地、播种、施肥等多项作业，简化了生产环节。但精量播种机特别是复式作业机一般来说结构更为复杂，生产成本更高，对作业条件的要求也更高。

水稻机插秧作业是最为成熟且常见的机械化移栽作业之一，而水稻机插秧作业服务也是常见的农机化作业服务内容。当前，水稻育插秧技术是主流的水稻生产技术，该技术的优势在于可以培育出健壮的水稻秧苗，保障水稻的有效生长期，提高水稻品质和产量，同时能有效解决连作、轮作茬口紧张的问题。而水稻机插秧作业则是水稻育插秧技术中的重要环节，它具有高质高效、省时省工的特点。常见的水稻插秧机有2行、4行手扶步进式插秧机以及6行、8行高速插秧机等。

二、机械化播栽作业服务要求及质量

机械化播种前要对种子进行精选、处理并进行发芽率测定，种子纯度、净度、发芽率需符合相关播种要求。选择当地最佳播期，如重庆市种植油菜在海拔500m以下地区，宜播期为9月20日~10月20日；在海拔500m以上地区，宜播期为9月10日~10月10日。播种深度因地、作物品种和农艺要求而定，一般以20~50mm为宜，可直接播到土下，也可以播栽地表再浅旋盖种。根据不同的播期，应对播种量、播肥量进行试验、调整，直至确定符合农艺要求。作业前要选择适宜的播种方法，确定好地头线的位置。

选择适宜的播深，坚持限速播种，禁止高速播种，播后根据需求及时覆盖和镇压。使用大中型复式作业播种机播种作业时不准倒车、转弯，尽量避免停车，若因故停车后重新工作时，应在开沟器前

500mm 左右撒一些种子；地头转弯时，及时提升开沟器、划行器，待开沟器完全出土后低速转弯；更换品种时，必须彻底打扫种子箱和排种装置。工作中应根据作业质量要求及时进行检查和调整。

对于撒播来说，最重要的作业质量指标就是播种量和播种均匀度；对于精量直播来说，播种精度、深度、直线度、株距和行距等都是需要控制好的质量指标。播种后若成苗密度不满足要求，需及时补种或间苗。

水稻机械化插秧作业前需将秧苗和本田准备好。一般来说，秧苗块空格率小于5%、均匀度合格率大于85%、土厚15~25mm、苗高10~25cm、叶龄2.5~5叶，秧根盘节土块不松散，盘土宽比分格秧箱小1~3mm，育秧用土须经过4~5mm孔筛过筛，不得有石块等异物，插前床土绝对含水率35%~55%。插秧本田应泥碎田平，泥脚深度小于30cm、水深10~30mm、泥水分清、沉淀不板结、水清不浑浊，栽清水秧，不栽浑水秧，一般沙质土沉实1~2天，壤质土沉实2~3天，老黏土沉实3天。

水稻机插秧作业应保障相关质量指标，通常要求伤秧率小于4%、漏插率小于5%、相对均匀度合格率大于85%、飘秧率小于3%、倒伏率小于3%、插秧深度合格率大于90%、邻接行间距合格率大于90%。

第三节 机械化植保作业服务

一、机械化植保作业基本知识

植保主要是指在农业生产中，运用化学、物理、生物等手段，预防和控制农作物病、虫、草害发生，它是田间管理环节中非常重要的一部分。采用机械化植保作业，可以提高生产效率和安全性，提升药物喷施的精准度、减少药物用量，有利于节约生产成本、促进生态环境保护、提高农作物质量。常用的植保机械按喷施农药的剂型和用途分有喷雾器、喷粉器、烟雾机、撒粒机等；按运载方式分，有手持式、肩挂式、背负式、手提式、担架式、手推车式、拖拉机牵引式、拖拉机悬挂式及自走式等；按施液量多少，可分为常量喷雾、低容量喷雾、超低容量喷雾机等；按雾化方式，可分为液力式喷雾机、风送式喷雾机、热力式喷雾机、离心式喷雾机、静电喷雾机等。按配套动力分有小型动力植保机具、拖拉机悬挂或牵引式大型植保机具等。目前，由于无人机技术的飞速发展，植保无人机的应用也越来越广泛。

二、机械化植保作业服务要求及质量

从统防统治到现在流行的无人机飞防服务，机械化植保作业服务越来越普遍，也越来越受到农户的欢迎。进行植保作业服务，需要注意以下几点事项。

作业前，要注意按照农艺要求和农药使用说明，正确调配农药剂量。作业中，注意安全操作，尤其要注意在使用背负式植保器械时，必须戴好防护用具（口罩、手套等），并注意作业风向，防止人员吸入农药引起中毒。使用喷杆式喷雾机作业时，要注意调节喷头、喷量的一致性和喷洒方向，控制施药量。

配药时，对于小田块，在施药液量不超过一药箱的情况下，可直接一次性配完药液；若田块面积较大，施药液量超过一药箱时，则可以以药箱为单位来配制药液。

喷雾作业时应保证喷洒均匀，并将喷口稍微向上仰起，离开作物20~30cm高。对大田作物喷雾时，操作人员手持喷管向下风侧喷雾，弯管向下，使喷头保持水平或有5°~15°仰角（仰角大小根据风速而定：风速大，仰角小些或呈水平；风速小，仰角大些），喷射雾流面与作物顶面应保持在50cm左右。对较高的果树和其他林木喷药时，应将弯管口朝上，使喷管与地面保持60°~70°的夹角。

喷药时应匀速行驶，防止重喷、漏喷。作业路线应根据风向而定，走向应与风向垂直或成不小于45°的夹角，操作者应在上风向，喷射部件应在下风向。

喷雾器中的药液超过安全水位时,应立即停止压动摇杆,以免气室爆裂;压缩喷雾器作业时,加药液不能超过规定的水位线,保证有足够的空间储存压缩空气,以便使喷雾压力稳定、均匀。

采用植保无人机作业时,注意控制无人机与作物之间的距离,保障植保效果,同时需要注意作业路线上的障碍物,保障作业安全。

第四节 机械化收获作业服务

一、机械化收获作业基本知识

当前,谷物、油料作物、根茎类作物以及部分叶菜等均实现了机械化收获,其中,谷物及油料作物机械化收获技术最为成熟和稳定,且谷物联合收获机适用性强,基本可以通用。机械化收获效率极高,可以大幅降低生产成本和作业强度,同时有利于抢时收获,减少损失。谷物联合收获更是能一次性完成收割、捡拾、脱粒、分离等多个工序,简化生产环节。常见的收获机械有谷物联合收获机、割晒机、玉米收获机、马铃薯收获机、青饲料收获机、蔬菜收获机等。谷物联合收获机根据行走方式分为轮式和履带式,根据喂入方式分为全喂入和半喂入,目前在丘陵山区以全喂入履带式联合收获机最为常用。

二、机械化收获作业服务要求及质量

当前,水稻、小麦、玉米、油菜等粮油作物机收作业服务极其普遍,在重庆,水稻和油菜联合机收服务则最为常见。进行水稻或油菜等粮油作物联合机收作业,需要具有适合机具行走和下田的道路条件,若是水田,还需提前排水晒田,以适合收获机具下田行走的要求。收割前,为

了使收割机在田间角落方便转弯，一般采用人工收作业的方式割掉田间四个角落处的作物。对于轮式联合收割机，泥脚深度不超过 5cm；对于履带式联合收割机，泥脚深度不超过 15cm 为宜。收获应在作物蜡熟期或完熟期进行，地块中应基本无自然落粒，作物不倒伏；水稻和油菜联合收获一般要求在全田 90% 黄熟时，于晴天早晚或阴天抢时作业。

机收作业需保障脱粒、分离干净，损失率、破碎率、含杂率等符合相关标准。一般要求损失率小于 3.5%、破碎率小于 2.5%、含杂率小于 2.5%。收获后留茬和秸秆处理要符合相关要求，在保证下茬作物播种和生长的前提下，留茬高度在 15cm 以内为宜。对于需进行秸秆还田的，收割时尽量选用带秸秆粉碎功能的收割机直接将秸秆切碎并均匀抛撒于田间。

第五节 综合农事服务

一、土地流转服务

农户将土地流转给农机合作社，合作社通过经营土地获得农业生产收益。而农户则获得土地使用权转让收入，同时还可反雇于合作社作为机手或其他农服人员，获得工资收入。

二、托管服务

托管服务模式分全托管模式和半托管模式。全托管模式是指农户只提供土地，而购买种子、化肥等农资费用和从种到收的生产作业等全由合作社承担，最终的收益通过协议约定一定的比例分成或划分固定的份额给农户。半托管模式是指农户提供土地及种子化肥等生产物资，合作社则只负责生产作业，那么相对于全托管模式农户最终的收益分成则更高。

三、菜单式服务

农户在作物生产过程中,选择合作社为其提供部分环节的机械化服务,并交纳相应的服务费。相对轻松的日常田间管理或某些有条件自行处理的环节则由农户自己承担。

四、跨区作业服务

农机合作社除了在本地区开展社会化服务之外,还可以去邻近区县或者省市开展跨区作业,满足条件的合作社甚至可以去较远的省市提供服务。跨区作业是农机合作社开展社会化服务、增加服务收入的一项重要途径。

五、其他

农机合作社除了开展各种生产作业服务之外,还可以进行农机具销售、农机具维修、技术培训、农产品加工等服务,条件较好的合作社还可作为农机培训基地、农民田间学校等。

第七章 农机合作社设施设备管护

第一节 农机合作社设施管理

一、农机合作社存放的农机设施介绍

农机的使用特点为季节性强，作业时间短，放置时间长。农机具露天放置，将产生诸多不良后果：一是停放混乱，影响农村人居环境，不利于美丽乡村建设；二是妨碍了农村交通道路通畅给村民带来不便；三是农机具长时间停放在露天场地遭受风吹雨淋，加快了农用机具的老化，特别是机具的锈蚀，严重影响机具的作业效率和使用寿命，进而影响农户购买、投资机具的积极性；四是容易发生安全事故，尤其是夏天容易因暴晒发生机具自燃，进而给农户带来很大的经济损失。

存放的设施主要分为大型农业机具、农机具部件、农机具使用或维修工具、农机具燃料及其他液态物品。

二、农机设施存放管理

农业机械存放设施管理在农机生产和使用过程中尤为重要。

（一）大型农业机具

随着农业机械化的不断普及，农业机械早已经涉及农业生产、农产品加工或深加工等各个领域，在西南地区常见的大型农业机具主要有：

1. 拖拉机。
2. 联合收割机。
3. 农用汽车。
4. 烘干设备（干燥机）。
5. 乘坐式插秧机。

因为农业生产季节性强的特点，大型农业机具存放时间一般比较长，所以在存放时要注意管理。大型农业机具因体积大，占地面积较多，存放时应注意防止日晒雨淋，有条件的合作社应该搭建库房，将大型农机具开入库房内，库房需要定期检修防止漏雨和库房坍塌损坏，注意配备防火设备，如：灭火器、水池、沙池等。

另外，大型农业机具在使用中需要定期做保养，在存放前和存放后使用前也需要做检测和保养工作。按照传统保养保管方法，保养保管应该遵守以下法则：

①"两有"：有检查、有记录。

②"三按"：按时、按号、按条进行。

③"四干净"：油净、水净、工具净、机器净。

④"四良好"：调整良好、紧固良好、润滑良好、传动良好。

（二）农业机械设备部件

农业机械设备部件的管理维护一般是指安全管理。机械设备的危害因素是比较多的，在实际的生产中务必要引起工作人员的注意和重视，因为忽略安全因素而造成的生产事故数不胜数。

首先，要制备详细的安全操作规程和紧急情况应急预案，这样可以确保工作人员在生产过程中有规可循，按照正确的规程来避免危险事故的发生。而且要养成制作机具维修状况日报表的习惯。

其次，要对员工的现场工作进行必要的检查和指导。我们都知道，生产过程中总是有一部分人无视生产规程，无视安全规定，安全意识淡薄，往往就是这部分人导致了安全事故的频发，所以有必要对这部分人进行督促和指导。

要进行完整的岗前培训，让操作人员能够熟练掌握操作规范和安全措施，保证生产的安全性。要进行设备的及时维修和改进，这样可以确保设备的正常运行，保证不会因为设备自身的原因而造成安全事故。而且要有专业的人员，及时对机械设备进行维护保养。

（三）农机具使用或维修工具

农机具使用工具和维修工具是农业机械操作使用和维修过程中不可或缺的。使用中，应该让有专业背景或专业资质的人员进行操作，一定要注意工具的摆放，不要让工具被遗忘。另外，维修工具在机具上的要注意及时放回原位，在维修车间的维修工具要按照标示放到指定的工具存放物料架或工具箱中。

（四）农机具燃料及其他液态物品

农机具的主要燃料有柴油和汽油，燃料具有易燃易爆特征，存放时一定要注意不要放在物品多的仓库，要专门对燃料存放仓库分区，燃料存放的仓库一定要避免高温和阳光直射。特别注意不要放在人员流动较频繁的地方。存放仓库内一定要配备防火沙池、干粉灭火器以防止意外着火。

农机具常用的液态物品如润滑油、发动机机油、刹车油等液态物料要尽量封存。防止溢出或倾倒，存放的位置同样要求干燥、阴暗，避免高温高湿。

第二节 农机合作社常见设备管理

一、拖拉机管理

（一）安全操作及注意事项

驾驶员应取得驾驶执照，才能驾驶拖拉机。

拖拉机正常工作前，应进行磨合。拖拉机应定期进行技术保养，工作前，驾驶员必须系好安全带。

作业前，先怠速运转3~5分钟；完成作业后，怠速运转3~5分钟，再熄火停机。

动力输出轴带负荷工作时，拖拉机不能急转弯，以免损坏万向节和农机具。

检查、清洗、调整、修理、保养拖拉机和农机具前，要停车熄火并拉上手制动。

（二）拖拉机的正确操作

拖拉机装有安全起动开关，必须踏下离合器，才能起动发动机。

拖拉机在行驶中，驾驶员的脚绝对不允许放在制动器踏板或离合器踏板上，更不允许利用离合器来控制拖拉机速度。

田间作业时，应使用手油门控制发动机，以使机组获得均衡的动力。

拖拉机在道路行驶时，只允许使用脚油门踏板控制发动机油门，左右制动器踏板应联锁。严禁在高速行驶时急转弯，以防翻车。

拖拉机紧急刹车时，应同时踩下离合器踏板及制动器踏板，不得单独踩下制动器踏板，以免损坏制动器或其他部件。

运输作业时，应检查制动器是否可靠，左、右制动是否一致，并将两个制动器踏板置于联锁状态，以防发生事故。

当发动机运行过程中及熄火后半小时内，应避免靠近消声器等高温部件，以免烫伤。

二、拖拉机的换挡

起动前将梭行挡挂在前进挡（或者倒退挡）。

将主变速置于空挡，副变速挂接在需要的挡位上。

起动拖拉机，踩下离合踏板，将主变速挂接在需要的挡位上。

行驶时换挡要注意，掉头换向时需将离合踩到底，待车停止时方可操作梭行挡进行换挡变向。田间工作需临时停车时，将主变速置于空挡即可。

二、动力输出装置的操纵

操纵动力输出轴的步骤如下：

操纵副离合器操纵总成手柄，向上提升到自动卡死位置 A。副离合器被分离，动力输出轴动力被切断（见图 1）。操纵动力输出轴操纵杆，扳到所需要的挡位（见图 2）。

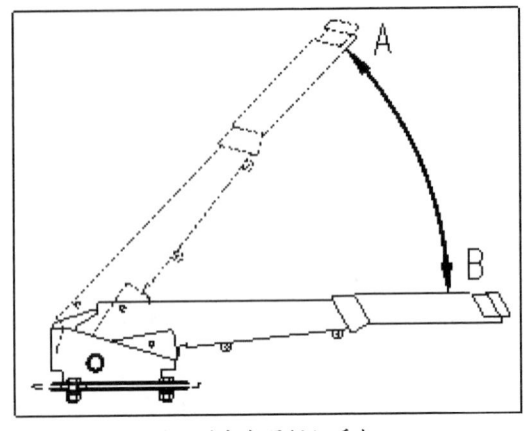

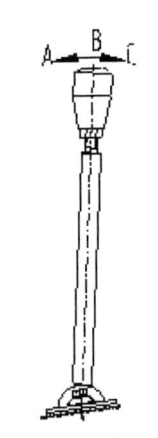

图1 副离合器操纵手柄　　　　图2 动力输出操纵杆

按动副离合器操纵总成手柄顶部的手柄锁，缓慢地放下到位置B，平缓地结合动力输出轴动力，使作业机械开始运转。先用小油门检查运转情况，然后加大油门，正式投入工作。

四、插秧机管理

乘坐式高速插秧机的推广使用迅速提高了机械化插秧效率、降低了劳动强度、促进节本增收。日常生产表明，不规范的操作使用会让插秧机的故障率不断上升，直接影响到插秧作业进度。只有正确地使用和精心地保养才能让高速插秧机最大可能地降低故障率，发挥最高的工作效率。

（一）发动机部分的正确使用

参照说明书加注规定标号清洁燃油。燃油不纯或太脏会导致发动机动力下降、突然熄火，长期使用会缩短发动机使用寿命，提前报废。注意检查燃油滤芯，及时清洗、更换。

参照说明书加注规定标号机油至机油标尺上下限刻线之间。机油过少发动机缺少足够的机油润滑，增加了磨损。长时间缺少机油会损坏发动机；机油过多增加曲轴传动阻力，降低发动机输出功率，同时会窜入燃烧室参与燃烧，这是导致发动机冒蓝烟的根本原因。

检查电器线路表面有无破损、脱落的地方，破损裸露的线路是否搭铁、短路。发现破损、脱落及时修复或更换。检查电瓶正负极柱是否松动，拧紧后涂抹适量的润滑脂。

（二）变速箱、传动部分的正确使用

变速齿轮箱。趁工作热机时拧松放油螺栓，观察流出的齿轮油中铁屑数量，铁屑太多需更换齿轮油。继续使用会加剧齿轮、轴的磨损程度。加注新的齿轮油时松开检油螺栓，然后进行加油，待齿轮油从检油口流出时加油完成，拧紧检油螺栓。

驱动链轮箱：取出注油塞，加注1：1调和的黄油和机油。

插植部传动箱：加注1：1调和的黄油和机油；侧支架、插植臂，加注1：1调和的黄油和机油；插秧机上有黄色标识的地方均要涂抹黄油润滑；导轨滑块、棘轮、上导轨等都要涂抹黄油润滑。这几处每天至少涂抹一次，确保润滑，减少磨损。同时逐个紧固螺栓，防止抖动剧烈、损坏相关部件，影响作业。

（三）插秧作业部分的正确使用

首先调节好取苗导轨与秧爪间隙。将载秧台移到靠近中间位置，把秧规放在取苗口上（秧规竖沟直立）手动转动回转箱，确认秧爪对齐秧规竖沟。如不对齐则松开回转箱安装螺母，轻敲锥形销至松动，左右旋转回转箱将秧爪对齐秧规竖沟后拧紧安装螺母、固定。

然后调整推杆与秧爪之间的间隙。手动转动回转箱，观察推杆到秧爪前段时有无摩擦、阻滞现象发生。如发生摩擦、阻滞现象，松开秧爪固定螺母，左右调节秧爪。调好后紧固秧爪固定螺母。

接着调整插秧爪。出现秧苗姿势乱、稀疏、浮苗等现象时，说明秧爪已经出现磨损。更换秧爪后需做好推杆与秧爪之间的间隙，取苗导轨与秧爪之间的间隙和纵向取苗量的调节。

作业时将载秧台移动至最左端或最右端，把秧苗移至载秧台上，固定好苗床压杆。苗床压杆与秧苗距离为1~1.5cm为好，根据秧苗条件适当调节。秧块土壤偏硬时适量浇水，帮助秧苗顺利下滑。同时根据秧苗长势，通过载秧台横向切换手柄切换横向送秧量，通过纵向取秧量调节手柄来调节每穴中的取苗量。与横向切换手柄配合将每穴取苗量调节到3~4株。

插秧深度调节。根据田块和秧苗的条件，边插秧边调节。将插秧深度调整在3~4cm为最佳，开启插植深度自动调节开关，调节深度手柄至适当位置，可以使插秧深度保持一致。

液压感应的调节。根据所插田块的软硬程度，调节液压自动感应装置的感应度，使浮船适度地接触地面。当插秧机的浮船有推泥现象发生时，将液压敏感度从4挡向"软"调一个挡位，当插植部有跳动或浮船尾部有上翘现象时，将液压敏感度从4挡向"硬"调一个挡位。在调节液压感应度时会影响插秧深度的改变，所以在调节液压感应度的同时调节插秧深度。

五、联合收割机管理

联合收割机是能一次完成谷类作物的收割、脱粒、分离茎秆、清除杂余等工序，从田间直接获得谷粒的收获机械。有些谷物联合收割机经局部改装调整后，还可以收获豆类、向日葵和牧草种子等。其优点是劳动生产率高、劳动强度低、赶农时，适宜于大面积收获作物。按作物喂入脱粒装置的方式可分为全喂入式谷物联合收割机和半喂入式谷物联合收割机两类；按谷物联合收割机用途可分为普通型（收获小麦为主）、水稻联收机和坡地型谷物联收机等。

近年来，随着农村经济的发展，农业机械化发展速度加快，联合收割机的发展速度也越来越快。半喂入联合收割机由于具有质量轻、结构紧凑、操作维修方便的优点，能一次完成切割、脱粒、清选、切碎等，因而深受广大用户的青睐。但是，由于水稻、小麦的收割期短、单位时间机械使用强度大，所以正确使用和保养收割机，会在农忙季节大大降低机械故障率，使收割机的使用效率显著提高。

（一）正确选择作业速度

在正常情况下，若地块平坦、谷物成熟一致，并处在成熟（蜡熟）

期、田间杂草又较少时，可以适当提高收割机的前进速度。小麦在乳熟后期或蜡熟初期时，其湿度较大，在收割时，前进速度要选择低些；小麦在蜡熟期或蜡熟后期时，湿度较小并且成熟均匀，前进速度可以适当选择高一些。雨后或早晚露水大、水稻、小麦秸秆湿度大，在收割时前进速度要选择低一些。晴天的中午前后，水稻、小麦秸秆干燥，前进速度选择快一些。对于密度大、植株高、丰产架势好的水稻、小麦，在收割时前进速度要选择慢一点，密度小、植株矮的水稻、小麦前进速度可选择快一些。收割机刚开始投入作业时，各部件技术状态处在使用观察阶段，作业负荷要小一些，前进速度要慢些。观察使用一段时间后，技术状态确实稳定可靠且水稻、小麦又成熟干燥，前进速度可快些，以便充分发挥机具作业效率。

（二）收割幅宽大小要适当

在收割机技术状态完好的情况下，尽可能进行满负荷作业，但喂入量不能超过规定的许可值，在作业时不能有漏割现象，割幅掌握在割台宽度的 90% 为好。

（三）正确掌握留茬高度

在保证正常收割的情况下，割茬尽量低些，但最低不得小于 6cm，否则会引起割刀吃泥，这样会加速刀口磨损和损坏；留茬高度一般不超过 15cm。

（四）作业行走方法的正确选择

收割机作业时的行走方法有 3 种：①顺时针向心回转法；②反时针向心回转法；③梭形收割法。在具体作业时，应根据地块实际情况灵活选用。总的原则是：一要卸粮方便、快捷，二要尽量减少机车空行。

（五）作业时应保持直线行驶

收割机作业时应保持直线行驶，允许微量纠正方向。在转弯时一定要停止收割，采用倒车法转弯或兜圈法直角转弯，不可图快边割边转弯，否则收割机分禾器会将未割的水稻、麦子压倒，造成漏割损失。

（六）合理使用收割机

水稻在灌浆期、小麦在乳熟期也就是在没有断浆时，严禁收割；对倒伏过于严重的水稻、小麦不宜用机械收割；刚下过雨，秸秆湿度大，也不宜强行用机械收割。在具体作业时，要根据实际情况，能够使用机械收割的尽量满足用户要求，对个别特殊情况确实不能机收的就不要用机械收割。

六、植保无人机管理

植保无人机作业后，机身上农药残留无处不在，除喷洒系统外，还需要对其他零部件进行拆装清洁，如桨叶、管路固定底座、机壳前罩……最好的清洁方法是，将抹布打湿拧干擦拭，再用干抹布擦干净才能进行存放。

清理喷头时，推荐使用细毛牙刷对喷头进行清洗，不能使用铁丝、大头针等坚硬材料，也不能使用金属工具（针、刀片）。因为使用这些工具进行清理很可能会破坏喷嘴的结构，从而造成流量不准，影响喷洒效果。

需拆开清洗部分包括：水箱出水口过滤网、流量计（叶轮）、副水箱、液位计、水泵（水泵橡胶底座）、机壳前罩、过滤网挡片、喷头固定杆、喷头（滤网、泄压阀、橡胶垫、喷嘴）、三通、脚架减震器、水箱、桨叶、桨夹（垫片）、雷达橡胶底座、水箱灯等。

（一）电池存放

植保无人机电池组若需长期（超3个月）存储，电池需保证每个月至少一次充放电循环。电池需使用充电器充满电后，再进入存储模式进行放电，存储模式会将电池电量放至50%~60%，这时再将电池进行存放，达到最佳存放状态。此外，建议将电池组放置于防爆箱内存储，存储常温常湿（存储温度为23℃±5℃，湿度为65%±20% RH）环境中。

（二）飞机存放

植保无人机应存放在室内通风、干燥与不受阳光直射的地方。

由于植保无人机许多部件是用橡胶、碳纤维、尼龙等材质制造，这些制品如受空气中的氧气和阳光中的紫外线作用，易老化变质，使管路橡胶件腐蚀后膨胀、裂纹，因此不要将植保无人机放在阴暗潮湿的角落里，也不能露天存放。

另外，要确保存放环境无虫害、鼠害，也不能与化肥、农药等腐蚀性强的物品堆放在一起，以免植保无人机被锈蚀损坏。

七、干燥机器管理

（一）谷物干燥机器开机前各部位的确认

1. 机器周围环境的确认。
2. 传动皮带、链条的确认及管类及油、油箱、油管的确认。
3. 安全盖的确认，各类安全盖须安装。
4. 燃烧机的点火确认。

（二）入谷作业

打开电源，待排料口关闭，并从"0"开始计算入谷时间；机器处于运转状态，打开大漏斗门板，由大漏斗入谷；达到满量时，停止入谷作业并关闭大漏斗门板。

（三）干燥作业的选择

1. 通常干燥

让燃烧机燃烧、以热风干燥、利用电脑水分计使其自动停止在期许的水分值的干燥方法。

2. 通风干燥

以常温实施的干燥方法且不用燃烧机。

3. 二段干燥

在干燥中途暂时停止干燥，放置数小时后再次实施干燥运转的方法。

4. 定时干燥

不使用电脑水分计，而使用设定期许时间的计时干燥方法。

（四）排出作业

停止干燥运转，按"排出钮"，从"0"开始计算排谷时间。

1. 干燥运转后的清理、点检、保管

残留谷物取出与清除，主要部位是分散盘、升降机、流谷筒，下部螺旋送料器，排风管及排尘管。

扫除部位：机器内部的突张杆上的悬挂物、电脑水分计滚轮。

2.燃烧机部的清扫

①用高压空气将积留在风叶上的灰尘清除。

②取出火焰监视器、用细布擦拭受光面。

③擦拭燃烧机上附着物。

④清扫扩散盘前端、点火棒、油嘴。

（五）注意事项

请穿着适合作业的服装和鞋子，进行干燥作业。

过度疲劳或生病、带醉意的状态下，请勿操作干燥机器。

裸足或手潮湿时，不可操作干燥机器，以免发生触电危险。

第三节 农机合作社常见设备维护与保养

一、拖拉机维护与保养

（一）拖拉机蓄电池维护与保养

电池盖上装有显示电池荷电状态的指示器。当指示器显示绿色时，电池可正常使用；当指示器显示黑色时，电池应及时充电；当指示器显示白色时，应立即更换；指示器不显示但能顺利启动，充电后能显示，如果仍不显示，应拆下蓄电池后晃动数次即可。

对在使用过程中因各种原因造成的亏电电池，应及时进行补充充电，以防止电池硫酸盐化造成的性能下降。

电池在使用过程中和充电过程中严防过度充电，避免电池因失水过多、极栅生长和铅膏脱落而过早失效。

已装车使用的电池，若长期（一般指超过15天）不用时请从车上拆下并存放在通风干燥处，每隔 3~6 个月（视指示器是否发黑而定）对电池补充电一次。

注意事项：

电池内含有硫酸液体，具有较强的腐蚀性，应远离儿童。使用者操作电池时应戴防护眼镜和橡胶手套，一旦眼睛、皮肤和衣服溅到硫酸时立即用大量清水冲洗，严重者需去医院治疗。

电池在充电时会产生氢气和氧气，一旦遇上明火或排气口堵塞会引起爆炸，故电池充电时应远离明火、避免短路。

电池外壳用聚丙烯注塑而成，属易燃物品，应远离明火。

（二）空气滤清器的保养

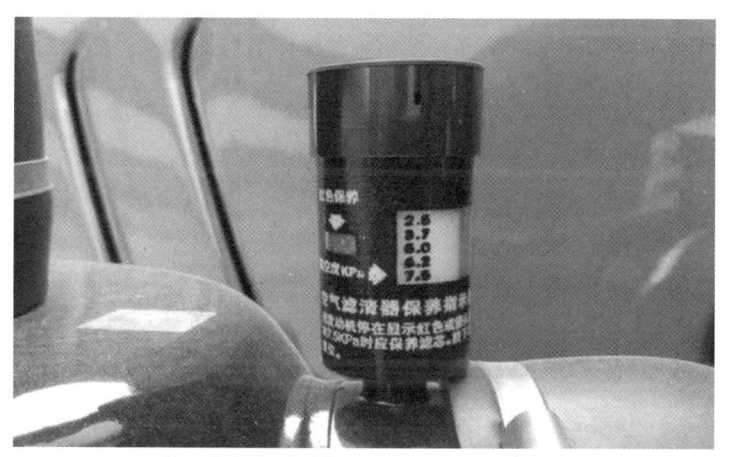

图 3 空气滤清器上的工作状态检测装置

空气滤清器的正确使用保养直接关系到发动机的使用寿命，因而必须始终保持其清洁。配有空滤保养指示器的空气滤清器，保养完毕后，需将指示器向下按下使其复位，否则指示器将不能正常起到空滤保养状态指示作用。

过滤系统自带工作状态检测装置，提醒及时维护，避免因此造成的发动机的早期磨损。干式纸质滤清器不可用油料清洗，保养时用手在滤清器芯两端轻轻拍打后，用软毛刷除尘，也可用充气泵吹尽灰尘。离心

（三）发动机油底壳油量的检查及换油

拔出位于发动机油底壳侧面的油尺，检查油面高度是否在上下刻线之间。若油面达不到下刻线，则应取下发动机正时齿轮室盖上的加油盖进行加油。

在保养换油时，应拧下油底壳下部的放油螺塞，放尽脏油并清洗干净，更换新的机油和柴油滤清器后重新按说明书要求牌号加注新油。

注意：拖拉机发动机每使用200~250小时必须保养和更换滤清器。

二、油水分离器的清洗、保养

用工具卸掉油杯拿下滤芯及相关零件，用汽油或柴油清洗干净并晾干后重新组装好。

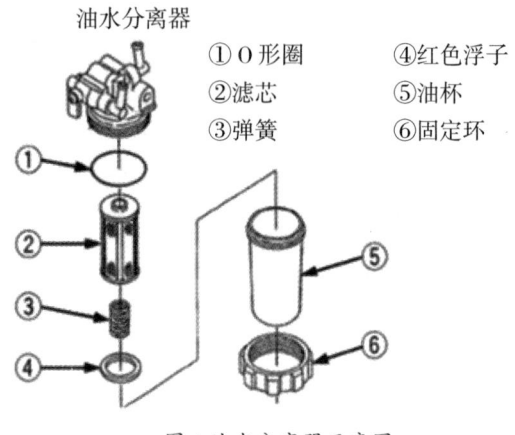

油水分离器
① O形圈　　④红色浮子
② 滤芯　　　⑤油杯
③ 弹簧　　　⑥固定环

图4 油水分离器示意图

三、传动箱润滑油的检查和更换

检查油面时，拖拉机停放在水平地面上，发动机熄火，观测位于传动箱右后侧的液位液温计上显示的液面高度。合适的液面高度处于油标线上下限之间。如果油面低于下限，应补加规定牌号润滑油至油面上下限之间（应在加油 5 分钟之后观测）。更换润滑油时，卸掉位于传动箱底的放油螺塞，放尽脏油，并用柴油清洗，然后把放油螺塞拧紧，加注新润滑油。

四、电控液压提升器机油滤清器的保养

提升器机油滤清器位于提升器液压油箱右侧下方，其保养方法如下：放净液压油，旋开机油滤清器端盖，取出网式滤芯，用汽油或柴油清洗干净并用压缩空气吹净。当滤芯难以清洗干净或损坏时，应更换新滤芯，安装并检查完毕后按要求加注新的液压油。

五、燃油箱的保养和维护

油箱具有贮存油料、沉淀水分和杂质的作用，使用中应定期进行清洗，清除污物。清洗保养方法：将拖拉机停放在水平地面上，发动机熄火，然后卸掉燃油箱下面的放油螺塞，放出油箱底部的沉积污物，用洁净柴油冲洗后重新装好放油螺塞。

六、轮胎充气压力的检查

尽管拖拉机出厂前胎压已调至规定值，但一段时间后胎压会自然下降，因此需每天对胎压进行检查，必要时进行充气。

注意：轮胎压力过高或过低都将缩短轮胎寿命，并对拖拉机的行驶操纵产生不良影响。用气压表检查轮胎压力，轮胎充气压力为：

前导向轮：200~250kPa（2~2.5kg）

后轮：80~120kPa（0.8~1.2kg）

七、插秧机维护与保养

（一）作业后保养

1. 对插秧机各部位及时进行清洗，冲洗时要防止水溅入传感器等电器部位。

2. 检查发动机机油油量，不足的及时添加。第一次 20 小时更换，以后每隔 50 小时更换机油。

3. 检查插秧机各部件，发现损坏及时维修更换。

4. 检查电器线路有无破损、脱落的地方。油路、水路管道有无漏油、漏水。发现损坏及时更换。

5. 各操作手柄、转向滑动部分，各连接部、连接支点涂抹黄油进行润滑。

（二）农闲入库保养

1. 插秧机清洗干净，各损坏部件已维修或更换。各操作手柄、转向、滑动部分有无磨损，各连接部、连接支点涂抹黄油进行润滑。

2. 将发动机化油器、燃油过滤器中的汽油放尽后启动至自然熄火状态，清洗化油器、燃油过滤器，关闭燃油开关。

3. 停入机库中用防尘罩遮盖，随车配件、说明书、工具放入纸箱中与插秧机一起保存。存放地点应远离农药、化肥等腐蚀性物品。

八、联合收割机维护与保养

（一）作业前要进行全面的保养和检修

1. 行走机构

按规定，支重轮轴承每工作 500 小时要加注机油，1000 小时后要更换。但在实际使用中，有些收割机工作几百小时就出现轴承损坏的情况，如果没有及时发现，很快会伤及支架上的轴套，修理比较麻烦。因此在拆卸后，要认真检查支重轮、张紧轮、驱动轮及各轴承组，如有松动异常，不管是否达到使用期限都要及时更换。橡胶履带更换期限按规定是使用800小时，但由于覆带价格较高，一般都是坏了才更换，平时使用中应多注意防护。

2. 割脱部分

谷粒竖直输送螺旋杆使用期限为400小时，筛选输送螺旋杆为1000小时，在拆卸检查时，如发现磨损太大则要更换，有条件的可堆焊修复后再用。收割时如有割茬撕裂、漏割现象，除检查调整割刀间隙、更换磨损刀片外，还要注意检查割刀曲柄和曲柄滚轮，磨损太大时会因割刀行程改变而受冲击，影响切割质量，应及时更换。割脱机构有部分轴承组比较难拆装，所以在停耕保养期间应注意检查，有异常的应予以更换，以免作业期间损坏而耽误农时。

（二）强化每班保养

每班保养是保持机器良好技术状态的基础，保养中除清洁、润滑、添加和加固外，及时检查能发现小问题并予以纠正，可以有效地预防或减少故障的发生。

1. 检查柴油、机油和水，不足时应及时添加符合要求的油、水。
2. 检查电路，感应器部件如有被秸秆杂草缠堵的应予清除。
3. 检查行走机构，清理泥、草和秸秆，橡胶履带如有松弛应予调整。
4. 检查收割、输送、脱粒等系统的部件，检查割刀间隙、链条和传动带的张紧度、弹簧弹力等是否正常。在集中加油壶中加满机油，对不能由自动加油装置润滑的润滑点，一定要进行人工加油润滑。
5. 清洁机器，检查机油冷却器、散热器、空气滤清器、防尘网以及传动带罩壳等处的部件，如有尘草堵塞应予清除。

（三）完成收割工作后，进入仓库保管前的维护保养

1. 清扫所有部位的泥土和稻草

打开机器各部位的检视孔盖，拆下所有的防护罩，清除滚筒室、过桥输送室内的残存杂物，清除小抖动板、风扇蜗壳内外、变速箱外部、割台、驾驶台、发动机外表等部位残存的秸秆杂草和泥土杂物等。清扫完毕后，要启动机器，让各个工作部件转运3~5分钟，排尽所有的残存

物质。然后用水冲洗机器外部，再开动机器高速运转 3~5 分钟，以除去机器里面残存的水。

2. 割刀的保养

把动刀和定刀区分开，清除附在刀间的泥土等残存物，检查刀片的铆合有没有松动，磨损有没有超限，刀杆有没有变形，如果松动了，就要及时铆紧，如果磨损超限了，就要更换，如果刀杆变形了，就要校正。把这些事情做完以后，再按照要求进行装复。

3. 传动皮带的保养

取下所有的传动皮带，检查有没有因为使用时间过长而发生打滑、烧伤或老化、破损等情况，如果有的话，应该予以更换。对于还可以继续使用的传动带，要把它清理干净，抹上滑石粉，按照原来的位置装好，等到下一季收割之前，再按照要求进行调整。

4. 燃油箱内加满油，以防止产生水锈。

5. 电瓶应经常充电，夏季为每 2 个月、冬季为每 3 个月充电一次。另外长期存放应将电瓶负极与机器分离或拆除。

（四）长期存放保养

1. 在以下部位注油或涂布黄油以防止生锈

①割取部所有链条及割刀。

②脱粒部链条。

③选择板拉线裸露部。

④各种压杆的支撑部。

⑤各皮带张紧螺杆等。

2. 保管方法

①机器应存放于湿气少且通风好的地方，机器下方最好铺板。

②各杆须放在中断的位置。

③作业转换杆应放置于"切碎"位置上。

④分草杆及踏板要折叠好。

⑤装上分草板保护板并尽量放低割台，割台下方最好放长枕木垫好。

⑥关闭钥匙开关，并盖好机罩。

⑦做好防鼠工作，以保护电线电路。

九、植保无人机维护与保养

（一）整机清洁

1. 周期

作业期间必须每天清洁，非作业期间可每周清洁一次。

2. 要点

该项目主要指机身主体的清洁工作，如大桨、尾桨、机身板、尾杆、外露轴承的清洁工作。

外露轴承建议涂上润滑脂，以达到润滑、防锈、防腐蚀的目的。

清洁过程中注意观察大桨、尾桨和尾杆的完整度，是否存在膨胀、是否存在开裂等情况，机身板上的固定螺丝是否有松脱等现象。

（二）主螺旋头固定情况

1. 周期

作业期间，每天要检查确认，非作业期间可每周检查确认。

2. 要点

检查主螺旋头各个螺丝状况，大桨的固定情况，T头是否松动。

（三）主轴晃量检查

1. 周期

作业期间，每天要检查确认，非作业期间可每周检查确认。

2. 要点

检查主轴横向是否有晃量，上下是否有松动。如有晃量，建议与厂家联系处理；若上下松动明显，建议马上返厂维修。

（四）清洁主轴并加润滑脂

1. 周期

作业期间，每天要检查确认，非作业期间可每周检查确认。

2. 要点

作业期间建议每天清洁主轴并涂上润滑脂。同时需清洁主轴外露轴承，建议涂上润滑脂。

（五）齿轮箱前轴检查

1. 周期

作业期间，每天要检查确认，非作业期间可每周检查确认。

2. 要点

检查齿轮箱前轴横向是否有晃量，若有晃量，建议返厂维修。

检查单向轴承，正常状况是顺时针方向旋转只能自转，逆时针方向会带动主轴旋转。

（六）启动轴晃量检查

1. 周期

作业期间，每天要检查确认，非作业期间可每周检查确认。

2. 要点

检查启动轴是否有明显晃量，若有晃量，建议返厂维修。

（七）离合器检查

1. 周期

作业期间，每天要检查确认，非作业期间可每周检查确认。

2. 要点

顺时针旋转离合器罩，观察是否卡壳、不顺畅。有必要可拆掉皮带检查，正反向都应旋转顺滑。

（八）尾螺旋头固定情况

1. 周期

作业期间，每天要检查确认，非作业期间可每周检查确认。

2. 要点

检查尾 T 头顶丝固定是否牢固，尾桨夹固定情况。

（九）尾轴虚位检查

1. 周期

作业期间，每天要检查确认，非作业期间可每周检查确认。

2. 要点

检查尾轴旋转面晃量，若有晃量，建议返厂维修。

（十）清洁尾轴并加润滑脂

1. 周期

作业期间，每天要检查确认，非作业期间可每周检查确认。

2. 要点

清洁粘在尾轴上的农药灰尘，再涂上润滑脂。检查固定尾轴的两个轴承，作业期间建议每天清洁，并涂上润滑脂。同时注意铜套的损耗状况。

（十一）尾轴变矩结构检查

1. 周期

作业期间，每天要检查确认，非作业期间可每周检查确认。

2. 要点

清洁变矩结构，特别是轴承，清洁后建议涂上润滑脂。

（十二）尾同步轮检查

1. 周期

作业期间，每天要检查确认，非作业期间可每周检查确认。

2. 要点

固定主轴，轻微转动尾轴，若有滑动现象说明尾同步轮固定不紧，需重新固定。

（十三）全机舵机拉杆清洁检查

1. 周期

作业期间，每天要检查确认，非作业期间可每周检查确认。

2. 要点

清洁舵机及拉杆，包括主螺旋头舵机、螺距拉杆和十字盘拉杆、油门舵机和拉杆、尾舵机和拉杆。

注意拉杆连接部分是否松动、变形，用两个手指轻拧固定螺丝观察是否松脱。注意球头扣和球头之间的磨损状况、间隙大小。

在未连接电源的情况下，用手摇动舵机臂，观察行程是否顺畅、是否有滑齿现象；连接电源后，摇动拉杆，观察相应舵机反应行程和速度。

(十四)喷晒系统清洁、检查

1. 周期

作业期间,每天要检查确认,非作业期间可每周检查确认。

2. 要点

检查水泵、喷头是否堵塞,线路是否氧化,旋转碟固定情况。

(十五)电池检查

1. 周期

作业期间,每天要检查确认,非作业期间可每周检查确认。

2. 要点

检查电池电线是否破损,电池是否有膨胀,电压是否正常。

(十六)启动器检查

1. 周期

作业期间,每天要检查确认,非作业期间可每周检查确认。

2. 要点

单向轴承是否损坏,固定螺丝是否松脱,继电器是否脱焊。

(十七)遥控器清洁检查

1. 周期

作业期间,每天要检查确认,非作业期间可每周检查确认。

2. 要点

注意防潮、防尘、防暴晒,有条件的话可以用风枪吹干净;检查各个操纵杆、按键是否正常工作。

(十八)存放点检查

1. 周期

作业期间,每天要检查确认,非作业期间可每周检查确认。

2. 要点

机身存放点需注意防火、防潮、防尘、防暴晒,远离可能形成线路漏电场所。

电池和遥控器建议存放在单独的箱子里,箱子的存放点也需注意防火、防潮、防暴晒,远离可能形成线路漏电场所。

油箱的存放需注意防火、防潮、防暴晒,远离可能形成线路漏电场所。油箱不可长时间存放在车厢里。若油箱带油存放,请不要拧死通气口。

（十九）主皮带、尾皮带、风扇皮带检查

1. 周期

作业期间每周检查确认,长时间未使用后首飞应先检查一次。

2. 要点

注意是否少齿、分叉以及其他可能导致断裂的状况,并检查松紧度是否合适。

（二十）检查更换空气滤清器

1. 周期

作业期间建议至少每周更换一次,在比较恶劣的环境里作业,可缩短检查更换周期。

2. 要点

空气滤清器的干净与否会影响发动机的工作效率,因此要经常检查空滤;更换安装时注意固定卡箍是否对齐,是否牢靠。

（二十一）清洗火头

1. 周期

作业期间建议每周清洗一次火头。

2. 要点

用汽油清洗,并将火头上的积炭用铜丝刷刷掉;清洗干净后用间隙尺测量火头间隙是否为 0.7mm。

（二十二）齿轮油检查及更换

1. 周期

作业期间建议每周检查 次,连续 个月使用后可拧开加油孔检查齿轮油是否老化。长时间未使用后的首飞也须检查确认。10 个飞行小时磨合阶段后应更换一次齿轮油,以后每 30 个飞行小时更换一次齿轮油。

2. 要点

每周检查一次齿轮油密封状况,是否有渗漏。齿轮油老化明显建议更换。

（二十三）线路检查

植保飞机属于精密器械，任何部件的微小变动都会影响其飞行状态和使用寿命。因此，不仅在其使用、转运和存放的过程中应该小心谨慎，其日常的保养工作也是非常重要，甚至在很大程度上决定了其使用的寿命。

1.周期

作业期间建议每周检查。

2.要点

检查线路是否破损，受药水腐蚀状况。

十、干燥机器维护与保养

当谷物干燥结束时或更换谷物品种时，以及农忙期结束后，要取出机内的残留谷物等进行清扫。清扫方法如下：

（一）清扫前的确认事项

确认机器里面是否还有谷物。

控制箱的电源开关是否切换至【关闭】状态。

（二）提升机底座清扫

取下提升机的下部挡板。

取出提升机的残留谷物。

（三）排料层内部的清扫

通过排料层的清理口，检查机内有无残留物。

如有残留物，启动机器将残留谷物排出。

（四）电脑水分计滚轮的清扫

打开流谷筒上的探视盖板。

清除水分仪滚轮堆积的枝梗和灰尘。

盖上探视盖板。

（五）油箱滤芯的更换

将滤油杯开关关闭。

松开泄油螺丝，泄掉杯内的积水及残油。

松开固定螺丝，取出透明油杯，将油倒掉并清洗杯内。

将油箱内的残油及油污倒掉，并清洗干净。

将旧的滤芯取出，换上新的滤芯，再将杯子装上锁紧（燃油品质越差，更换需要越频繁）。

最后，将油箱外壳擦拭干净。

油泵滤油网的油污也应清洗，并适时更换油网。

（六）风压开关清扫

取出风压开关。

将附着在作动板上的灰尘清除。

检视作动板的动作要轻、灵敏。

（七）燃烧机及热风室的清扫

燃烧机下方地板须清扫干净。

前面网灰尘应清除。

百叶窗、燃烧筒、燃烧室擦拭干净，有积炭时请联络经销商调整处理。

热风室外壳灰尘清除干净。

热风机内部、四周、底部灰尘清除。

（八）电气零件的保管

控制箱、水分仪、燃烧机，请勿让雨水和灰尘进入。

机器不使用时，请切掉总电源，可能因打雷等原因造成控制箱和水分仪的损坏。

第八章 农机合作社典型案例

上海外冈农机服务专业合作社
稻谷不落地 直卖品牌米

种地难，在大都市郊区种地更难。面对上海市加快发展绿色农业的新形势。上海外冈农机服务专业合作社通过规模化经营、全程机械化作业和综合农事服务，打造农机服务品牌和农产品品牌，实现了"稻谷不落地，直卖品牌米"，成为上海市农机社会化服务的标杆之一，呈现出农业生产发展、农民增收的大好局面，值得各地农机合作社借鉴。

一、基本情况

外冈农机服务专业合作社成立于2004年，是上海市规模较大、发展较快的农机专业化服务组织。合作社现拥有大中型农业机械185台、农机库房约6000㎡，固定资产450万元。农机合作社成员53名，为外冈镇域内2.1万亩粮田提供农机耕种收、植保、秸秆还田等订单作业。为适应农业种植结构调整和规模化生产，合作社实行"机农合一"的经营模式，全体成员转化为45个家庭农场主，承包粮田面积7300亩，组成4个农业生产经营互助小组，按照合作社的片区划定、机具调配和督促考核，开展农机作业和田间管理。2018年，合作社实现农机服务收入500万元，全镇水稻耕收机械化率达到100%，种植机械化率达到90%。合作社先后荣获"上海市级示范农民专业合作社""市级示范农民合作社标兵""上海市农民专业合作社示范""全国农机合作社示范社"等荣誉称号。

二、主要做法

合作社严格按照《农民专业合作社法》，健全完善内部管理制度，实行规模化生产、集约化运作、市场化经营模式，加强农机机务管理，推行农机"一用就管"制度，实施"一机一档"，统一调度、统一作业、统一维修保养，做到机手、机械与农时农事协调配套。合作社社员们在农忙时从事农机全程化作业，农闲时管理所承包的粮田，既提高了农机装备利用效率，又增加了生产作业收入，取得了显著成效。

（一）订单作业，推进全程机械化

2015年，为确保完成外冈镇14个村和一个镇级农场粮田的耕种收、高效植保和秸秆还田等全程机械化作业任务，外冈镇农业服务中心委派镇农业公司经理陈建华担任外冈农机服务专业合作社负责人。陈建华与农业打了近30年的交道，经历过"面朝土地背朝天"、依赖人工耕种收的农业时代，深知现代农业生产对发展农业机械化有迫切需求。农业公司与外冈农机合作社"结姻"后，他下决心改变以前人工耗费多、劳动强度高、生产效率低的现状。

工欲善其事，必先利其器。上任伊始，陈建华决定为合作社大力引进先进农机，推行全程机械化的田间播种与管理模式，减轻本地农户种植粮田的劳动强度，提高农业生产和农机作业效率。利用农机购置补贴政策，合作社陆续购置了大马力拖拉机、自走式联合收割机、乘坐式水稻插秧机和精量播种机、秸秆还田机械等先进适用、高效安全的农机装备，为合作社承包土地和周边家庭农场主提供耕种收全程机械化作业。

为响应上海市粮食生产全程机械化，嘉定区全面推广水稻机械化种植。作为农业大镇，外冈镇的水稻机械化种植发展步伐很快，但分散育秧和零散供应跟不上大规模作业需求的问题很快凸显。在夏种时节，有的作业区域出现了插秧机长时间停在田间等候秧苗的现象，误工误事，机手们叫苦不迭。陈建华很快发现了这个瓶颈制约，主动与区、镇农业管理部门沟通联系，利用财政支持和合作社自有资金，选择地理位置优越的场地建成了4个大型育秧点，引进了3台全套浸种催芽设备和6套育秧流水线，预先统计汇总各作业点秧苗需求，定点采购优良稻种，实行24小时电脑程控设备浸种催芽，安排专人不间断地巡查管理，保证出苗育秧质量，并及时送达各作业点，实现了全镇2万余亩水稻种植所需的秧苗供应和机械作业的科学匹配，真正做到了不误农时、不误农事。

有了先进机械，有了场地设施，有了服务对象，如何搞好农机服务，真正实现高效生产？又成为摆在陈建华面前的另一道难题。经过调研思考，他提出合作社的农机服务要跨前一步、先人后己。

每年的春耕备耕、三夏、三秋等农忙开始前，陈建华会主动与镇农业服务中心沟通联系，组织召开全镇农业生产与农机作业联席会议，与各村签订农机作业服务协议，统筹协调农机作业需求，科学制定和严格遵照作业计划，科学调度作业机械，合理安排作业进度，确保农业生产和农机作业稳定有序。遇到不良天气状况时，农机作业愈发时间紧任务重，陈建华则会选择优先服务粮田承包户，集中合作社机具为家庭农场主抢收抢种，之后再开展合作社承包粮田的农机作业。宁愿自己的合作社有损失，也要保证服务对象的收益。

为了解决家庭农场主晒粮难的问题，陈建华又多次前往外冈镇粮管所，积极与其牵线合作，促成其在镇万亩良田区域建设粮食烘干中心，配置 300 吨粮食烘干设备，为全镇 2 万多亩粮食作物提供便捷、优质的烘干作业服务，妥善解决粮食收获后干燥难题。

（二）绿色发展，推进综合农事服务

近年来，推进都市现代绿色农业发展成为上海农业生产的重中之重。陈建华也敏锐地抓住机遇，带领合作社凭借资金、技术、人才和装备优势，加上外冈镇本身拥有的高标准农田设施，积极参与了农机化新技术新机具试验示范和推广。农田里的无人驾驶插秧机试验示范，就是其中一个项目亮点。

2017 年，当嘉定区农业农村委无人驾驶农机项目试验向陈建华抛出橄榄枝时，他一口便答应了下来。"农机化转型升级就需要智能化精准化的农机技术装备！"为做好智能农机的实地演示，他亲自陪同技术人员，夜以继日地忙碌在库房车间，为合作社的部分拖拉机、插秧机、直播机和小型配套农具上安上了北斗卫星 GPS 模块。多次踏入田间地头考察比对，选择宜机化良好的田块耕地，成功实施了无人驾驶机械的实地作业，成了区里首批"触电"高精尖科技的农机专业合作社，为周边农机合作社树立了榜样，吸引其他区的农机服务组织纷纷学习考察。

在其他合作社还在追求生产"数量"时，陈建华已经开始思考如何提升"质量"了。陈建华深知，以往过量地施肥施药只会加剧农田污染和土壤恶化，必须严格把控农业生产投入品源头，只有绿色农机作业才能带来绿色农产品。2018年，合作社购置6台装载侧深施肥装置的水稻插秧机，在区农机技术部门的指导下，试验示范作业了约2000亩稻田，积累了技术数据，对比了作业效果，为今后更大面积推广奠定了良好的基础。

陈建华也发现，在基本解决耕种收环节机械化后，水稻植保中的机械作业效率偏低、农户施肥喷药比较随意、投入品用量过大等问题愈发严重，全镇2万亩的水稻植保缺乏统一、标准的作业模式。看到问题就得研究解决，散、乱、差的植保局面必须得到改变。在他的力推主导下，合作社按照区农业管理部门公布的优质肥料、高效农药推荐目录，使用统一配发的化肥农药，或选择有资质的供应商定点统一采购低毒高效农药，从而保证农业生产投入品质量效能。同时积极与镇农技部门合作，植保统防期间邀请农艺专家实地指导农机手和家庭农场主科学配比，减少化肥、农药使用量。合作社将购置的近十台自走式高地隙喷杆喷雾机等高效植保机械全部投入到全镇的农田植保统防，既提高了作业效率，又能均匀喷洒，实现节水、节药、节肥和增效。

值得一提的是，为响应上海市农作物秸秆禁烧，合作社的联合收割机率先加装了秸秆切碎抛撒装置，所有收割作业均实现了秸秆全量还田，全镇多年未发生秸秆露天连片焚烧现象，保障了区域空气质量优良。

（三）打造品牌，提高农产品附加值

多年扎根农机一线、奔波于田间地头的陈建华，深知粮食种植的堵点和农户卖粮的痛点。如何摆脱粮食增产不增收、粮食种植效益止步不前的困境，他采取的方法就是"从卖稻谷到卖大米"，提高附加值。为解决粮农晒粮、卖粮问题，合作社联合镇粮食烘干中心实施粮食"不落地"工程，实现了机械化收割、集中运输和湿粮的低温烘干。建造200立方米的冷库，保证了优良品种少损耗、早入库，保证了粮食的高品质新鲜度。

合作社精选水稻品种，专门划定区域种植500多亩优质水稻，引进了一套日加工量10吨的优质大米加工流水线，稻谷烘干后，可直接进入加工流水线生产大米，以"外冈牌"直销市场，也可进入冷库储存，待需要时再进行加工生产。

"外冈牌"是合作社注册的大米品牌，通过了绿色农产品认证。

"外冈大米"实行统一营销，零售和团购并行，通过微店、农展会、田间日等活动宣传推销，定点供应外冈镇及周边的机关、企事业单位食堂和农家乐等，2018年全年销售额近百万元，经测算每亩比原来增效近600元。近年来，外冈大米的知名度不断上升，多次在"上海市优质稻米评比暨市民最喜爱本地新大米颁奖典礼"中获得奖牌，在"上海地产优质大米品鉴评优会"上，外冈牌"南粳46"优质大米获得铜奖。通过不懈努力，合作社的农产品品牌化取得成功，得到了市场认可和市民追捧，提高了家庭农场主的种粮收益。

（四）机农合一，增强经营服务能力

一段时期内，外冈镇的粮田主要是外来务工人员承包种植，生产条件差，生产技术落后，只追求短期收益。2013年中央一号文件首次提出"家庭农场"的概念后，嘉定区农委决心推广农业适度规模经营，鼓励开展标准化生产和社会化服务。合作社抓住机遇，积极适应农业生产经营体制变革，充分发挥农机作业和粮食种植联合经营优势，围绕种植结构调整和农机装备更新，不断优化组织管理、完善准入淘汰机制、加强考核制度，稳步推进"合作社+互助小组+家庭农场"经营模式的发展。

在完成1.3万亩农机订单作业的基础上，合作社将7300亩承包粮田实行定农机作业量、定作业成本、定收费标准、定粮食收益标准和定奖罚标准，建成了"4+1+1"的服务体制，即成立4个农机作业小组，每组根据各片区面积由10~12个家庭农场组成，确定1名组长，负责督促指导本组的农机作业和田间管理。

农机作业+粮田种植的"机农合一"经营模式不仅解决了家庭农场经营者缺乏现代农业生产的知识、机械化操作技能的难题，还解决了家庭农场劳动富余和农忙时农机作业机手不足的矛盾，更大幅提高了家庭农场主的农业收入。2018年，农机、粮田经营管理"双肩挑"的社员收入平均达到10万元左右，加上合作社为社员缴纳的"三金"，社员人均总体收入达13万元，使从事农业生产和农机作业成为一份体面的工作。

（五）优化队伍，增强人才支撑力

多年从事农业生产和农机作业，陈建华深知培养打造一支爱农业、懂生产、会技能农业人才队伍的重要性，始终重视合作社内部人才队伍的引进与培养。都市现代农业发展进程中，更是让合作社对实用型、复合型人才越发渴望。

为发展适度规模经营，合作社逐步清退粮田承包到期的外来种植户，同时从本地粮食种植户中发展农机操作人员，培养成为合作社社员。合作社建立了一套完备的学习培训制度，每年都会组织农机驾驶操作人员进行新型农机操作技能、安全生产、田间管理等培训教育，不断提高农机作业和农业生产的能力水平。合作社利用"新型职业农民"培训项目，组织新进社员学习农机操作、维修保养等技术知识，通过考核后分配至各作业小组进行实地操作，并安排老机手老师傅带教。在吸纳录用社员时，合作社优先选用拥有一定机械作业技能、田间管理经验丰富的农户，并为年轻优秀的农机手提供更多的作业条件。2018年，合作社招聘了8名平均年龄在40岁左右的农机手，充实了服务队伍，优化了成员结构。

通过多途径的技能培训、稳定增长的收入和完备充足的社保体系，合作社成功打造了一支有文化、懂技术、会生产的服务队伍，既能熟练操作农业机械，又具有种植粮食作物的经验能力，更好地把农机服务与农业生产融于一体，形成了服务者和被服务者的"双赢"，保障了全镇农业生产和农机作业安全有序、优质高效。

三、启示

处于大都市郊区的外冈合作社发展有以下两点启示：一是提前计划

科学调度。农忙季节抢农时，就是要抢机械，在大城市郊区更是如此。合作社提前组织召开农机作业联席会议，签订服务协议，统筹协调农机作业需求，科学制定计划，是合作社有序作业服务的保障。二是打造品牌提升价值链。合作社积极实施粮食"不落地"工程，实现了粮食收获、烘干和冷藏，用"从卖稻谷到卖大米"的办法来提高水稻种植附加值，同时，注册大米品牌，立足全程机械化服务，打造绿色农产品。

江苏省泰州市姜堰区桥头镇家庭农场服务联盟

构建家庭农场服务联盟
引领现代农业生产新业态

农机社会化服务模式如何契合当前农村土地适度规模经营和农业供给侧结构性改革，不同地区或许有多种不同的答案。江苏省泰州市姜堰区桥头镇通过建立家庭农场服务联盟，将家庭农场作为服务对象，全面拓展和延伸农业生产和服务产业链，实现规模化生产主体与社会化服务主体无缝衔接，打造的"桥头模式"被时任国务院副总理汪洋同志称赞为"代表了中国现代农业的发展方向之一"。姜堰区大力推广"桥头模式"，在全国农业改革与建设试点县评比中，获得综合考核第一名的优异成绩，成为适应当前现代农业生产的农机社会化服务典型成功案例。

一、基本情况

江苏省泰州市姜堰区桥头镇地处江苏省里下河平原南缘，镇域面积38平方公里，主要从事稻麦生产，是传统的农业生产地区。全镇共有耕地2.65万亩、家庭农场148家，其中从事稻麦生产118家，农场平均规模 179.1 亩，场均年纯收入 12.3 万元，建立服务联盟 7 个，实现家庭农场 100% 全覆盖。其中，始建于 2010 年 9 月的"小杨家庭农场服务联盟"服务周边 20 多个家庭农场，全程机械化服务面积 5800 多亩，配套大中拖拉机 21 台套、高速插秧机 10 台、高效植保机施肥机 11 台、联合收割机 4 台、烘干机 9 台，育秧流水线 2 组，育秧播种机 6 台、电灌泵站 30 座，日产 60 吨大米生产线一条，机具库 1700 平方米，烘干房 300 平方米，物资存放、培训学习教室 680 平方米，年纯收入 116 万元。

小杨家庭服务联盟下设"为农综合服务""农机""植保""粮油产销"4 个合作社，推行"统一农机作业、统一农资配供、统一农民培训、统一技术应用、统一金融支农保险"服务"五统一"流程，有效解决了"如何种好地"的瓶颈问题，家庭农场不仅"种得好、产得高、卖得出"，还能卖出好价钱，实现稳定的预期收益，既有经济效益，也有社会效益。

二、主要做法

（一）规范化适度规模经营保障农事服务有效载体

桥头镇以土地确权登记颁证工作为契机，大力推进适度规模经营，全镇实现了"四个 100%"：土地确权登记 100%、土地流转经营 100%、土地规模经营家庭农场化 100%、家庭农场主本土化 100%。

全面推进综合农事服务联盟，必须以家庭农场为基本单元，充分尊重农民意愿，平衡土地流出方、流入方和村集体三方利益，把好主体准入、规模适度、价格适中三个关口。通过调研拟建农场规模与家庭经营能力的匹配，推算生产效率与预期效益的比例，全镇确定将家庭农场规模控制在 100~300 亩，按照"农户委托村集体、村集体坚持集中连片"的原则进行土地流转，并通过农村产权交易服务平台进行发包。经过一系列透明政策、到位措施、公开操作，确保了土地流转的合法性和合规性，避免了不确定因素的发生，为家庭农场的建立、综合性农事服务的推进提供了坚实的基础保障。

(二)高素质从业人员保障先进农业生产理念

各行各业的成功,从业人员的素质起到决定性作用。土地流转、家庭农场建立后,农场主的整体素质决定了家庭农场经营理念和对新技术、新装备的接受程度,成为"如何种好地"最关键环节。

在经营主体的选择上,桥头镇坚持本土化原则,将农户的种植经验、专业技能、经营能力、资信情况等作为竞标依据,优先选择一批实心实意从事农事生产的新型农民后,再重点考察他们能吃苦、肯钻研的作风,并进行职业道德、种植模式、生产技术、新式机具、金融保险、农村电商等方面培训后,方可上岗,有效降低农场主违约失信的风险,防止出现"跑路""拖欠租金"等情况。在承包价格的控制上,坚持利益平衡原则,既要保证农户能够获得合理的租金收入,又要让经营主体能够取得预期的收益,目前全镇的指导价是以每亩每年 350 千克左右的稻谷来折现给农户,逐渐探索形成了家庭农场运营的"桥头模式"。

(三)新型服务组织保障农业生产现代化

规模化经营需要社会化服务进行支撑。现代农业生产要求高、投入大,如果每个家庭农场都配备相应的机具、库房等生产资料,不仅会带来资源浪费、资金周转困难等问题,也存在极大的投资风险。桥头镇经过九年的探索和总结,经历了三个阶段:初期的 1+4 阶段(一个家庭农场配套建设 4 个服务场所)、中期的 1+N 阶段(一个农机合作社为 N 个家庭农场提供服务)、当期的 1+N+N 阶段(一个家庭农场服务联盟为 N 个家庭农场提供 N 项服务),形成了现在的家庭农场服务联盟"桥头模式",实现了农机合作组织→农业服务专业合作社→家庭农场服务联盟的蜕变。

以桥头镇小杨家庭服务联盟为例,该联盟前身为 2010 年成立的桥头镇泽民农机合作社。合作社成立初期,仅有社员 5 人,作业机械 15 台,固定资产 150 万元,服务面积 1500 亩,年作业收入 18 万元,服务对象单一、机具品种不全、作业环节缺失,形成不了规模化作业,管理也是松散化。土地规模经营以后,桥头镇结合全镇人均耕地面积少、高标准农田比重高的实际,决定打破"家家建晒场、户户要机房"的状况,鼓励农机服务组织进行优化整合。泽民农机合作社把握时机,在建成"江苏省农机服务星级示范合作社"的基础上,吸收社员106人,整合各项资源,于2015年成立泰州市小杨为农农业服务专业合作社,工商注册资金300万元,迈出了农机作业"全程机械化、综合服务"的第一步。

2016年,小杨为农农业服务专业合作社借助"为农服务综合体"项目,总投资300万元,统一建设了机库、维修库、油库、烘干房、培训室、物资库、育秧棚等设施,占地近3000平米。合作组织通过优化整合,由小变大、由弱变强、蒸蒸日上的势头吸引了周边家庭农场和服务组织的注意。2017年,合作组织因势利导,针对家庭农场单兵作战的盲目性和机具保有量不平衡的问题,依托为农服务综合体,把服务范围内的农场主、农机户、产销单位组织起来,建立起了以农场主为主要成员的新型农机合作社,使"服务中心"升格为"服务联盟",成立了"小杨家庭农场服务联盟",为周边20多个农场提供"一条龙""全方位"农业生产服务。

从泽民农机合作社到家庭农场服务联盟,十年期间,变化的不仅仅是名称,更主要的是内在质量:固定资产增加10倍,库房面积从250平方米扩大到近3000平方米,农机告别了"雨打日晒"的日子;作业面积规模扩大4倍,作业环节从耕、收拓展到烘干、植保、精米加工等全程机械化服务,作业收入也增加16倍,超过300万元;机械原值从150万元增加到近1000万元,120马力大型拖拉机、高地隙植保机、复式作业机、移动育秧流水线、低温循环烘干机等先进适用机具普遍使用,2017年投资297万元建成精米加工线,更是实现稻米从收获到上市的"不落地"生产。

(四)家庭服务联盟保障农业生产效益最大化

在泰州市粮食生产全程机械化创建中,桥头镇率先建成市级粮食生产全程机械化示范镇,以"家庭农场服务联盟"为载体,实施"全程机械化+综合农事服务"模式,提供全方位、多层次的综合服务,促进了绿色节本增产增收,充分发挥示范引领带头作用。仅农村电商方面,全镇就已经注册12家合作社,其中小杨家庭农场服务联盟还与泰州兴桥米业有限公司合作,注册品牌"兴桥大米",产品既销往全国,又畅通了销路，保证了售价相对稳定，为家庭农场盈利提供了经济保障。

通过统一农机作业，机械化耕作、收割、烘干成本分别降低15%、30%和20%。育秧大棚进行立体育、供秧，不仅秧苗成本降低40%，其余时间进行香菇种植，每亩又增加收益2万元。同时，由服务联盟统一提供机械化作业，不仅保证了机械供给，还实现了机具"统一管理、统一调度、统一作业"，机务管理水平得到大幅提升。

通过统一农资配供，家庭农场采购的种子、化肥、农药，实现"零差价"供给，所购买产品接受农业部门农资追溯的联网监控，保质保量。在厂家统一指导下，做到减少用量、提高药效、降低药害，实现减量增效、绿色防控。

通过统一农民培训，将服务联盟成员培训成懂技术、会管理、善经营的新型职业农民，及时了解农业发展新动态，使家庭农场成为新技术的试验点、新机具的示范点、新政策的受益点。

通过统一技术应用，统筹规划做好农业生产过程中产前、产中、产后的跟踪服务，真正做到科学种田、合理投入，做到统一安排、统一管理，实现标准化作业。2018年，联盟投资50万元，一次性将9台烘干机组的烘干方式进行"煤改电"，实现农机作业的"环保绿色"。

通过统一金融支农保险，主动对接保险公司对联盟内成员开展涉农保险服务，包括稻麦自然灾害、水稻秧池、农机等方面开展政策性保险，保障农场主的利益，也开展担保融资服务，为农场主提供农业生产周转资金等服务。

三、启示

桥头镇组建7个家庭农场服务联盟，打造了"桥头模式"，将生产主体、服务主体、市场主体有机地结合起来，实现了农机合作组织→农业服务专业合作社→家庭农场服务联盟的蜕变。这种模式使三个方面的主体均能受益，使可持续性和稳定性进一步增强，不失为一种可以复制的样板：一是生产主体接受统一技术培训、技术服务、物资采购，解决技术、机具等生产资料后顾之忧，减少机具、库房等一次性投入，降低生产投入成本；二是服务主体将一定区域内的农业机械整合使用，提供"一条龙"全程机械化作业，延长产业链，依靠"为农服务综合体"为家庭农场提供全程服务，作业面积有保障，收益预期性强，增强抵抗市场风险的能力；三是市场主体（生产资料销售者、产品收购者）能准确地把握市场信息和客户，将绿色高效农业生产资料迅速投向市场，并能收购到高于市场品质的农产品。

浙江省杭州余杭益民农业生产服务专业合作社
"闲田租金"效应强　农户收入"香喷喷"

当前，生产资料价格上涨、土地流转费用过高是推动种粮成本上涨的重要因素。浙江省杭州市余杭益民农业生产服务专业合作社使出各类招数，通过土地季节性流转模式降低生产成本，给农户带来额外的土地租金收入，实现双赢，为其他合作社提供了可借鉴的经验。

一、基本情况

杭州余杭益民农业生产服务专业合作社位于浙江省杭州市余杭区仁和街道新桥村。合作社于2008年2月依托余杭区农业机械管理总站和仁和街道农业公共服务中心组建而成，当时合作社有5名社员，注册资金3万元。随后几年，合作社加强规范化建设，得到了快速发展。2013年该社注册社员达100名，注册资金100万元，开始开展粮油生产全程机械化服务，农机服务能力大幅提升。2018年合作社已拥有各种农机装备101台（套），烘干、仓库等用房3100平方米；流转土地面积3099亩，粮食复种面积5399亩，2018年为农户累计提供农机社会化服务63851

亩次，粮食烘干 3652 吨；服务和销售收入 1037 万元，利润 53 万元。合作社致力于为广大农户提供机耕、机插、统防统治、机收以及粮油机械化烘干等各类农业社会化服务。

合作社自成立以来不仅服务成效明显，而且科研成果丰硕，在各类专业期刊发表论文，荣获"国家农民合作社示范社""全国农机合作社示范社""国家油菜产业技术体系全程机械化示范合作社""全国创新示范农机合作社""杭州市劳模集体"等荣誉称号，承办过全国"水稻机械化精确定量穴直播"现场会、全省油菜机械化收获现场会等多场高层次会议。

二、主要做法

（一）应用先进机具普及领先全省

合作社建立粮油生产全程机械化高产示范区、新机具新技术展示区等开展先进农机试验示范，不仅起到了较好的示范带动作用，也使合作社的农机化服务向全程全面、高质高效发展。目前合作社的农机设备齐全，机械作业领域已从最初的耕种收等局部环节发展到种子发芽育秧、耕作（平整）、插秧、植保、收获、烘干、稻米加工等生产全过程，粮油生产机械化率达 100%。特别是自动化烘干技术的引进，实现了全产业链机械化作业，农机服务综合规模效益突显。作业流程是水稻机收后通过卸粮臂直接将稻谷卸装到田边农用车内，由农用车运到烘干中心后卸到烘干中心的湿谷仓，经过初次清选后输送到烘干机进行烘干，十几个小时后烘干的稻谷直接输送到粮食加工车间，经加工变成洁白的大米，并进行自动包装。整个过程仅需 4 个人操作，十几个小时就能完成。2019 年合作社还在全省率先引进无人驾驶拖拉机、无人驾驶插秧机，努力打造集智慧机耕、智慧插秧、智慧植保于一体的水稻全程数字化生产示范基地。同时合作社自主研发的"油菜种植打洞机"（已申请专利）推广到整个长江流域，年应用面积达 12 万亩以上。

(二)创新服务模式实现共赢

合作社在全省率先开展土地季节性流转模式试验,即把农民晚稻收获后的冬闲田季节性地流转给合作社,用于机械化种植油菜、小麦、蔬菜等冬季作物。次年5月,合作社完成晚稻机插作业后归还给农户。该模式不仅为合作社带来了农机服务收入,也为种粮农户带来了每亩250元以上的"闲田租金"收益。

合作社创办"田间学校",根据农事季节邀请相关专家免费为农民授课,累计免费培训农民47期计2638人次,实地指导农民3808人次,发放技术资料5940份。

此外,合作社还积极响应国家扶贫政策,建立了省级农村残疾人种养业扶贫基地,安置困难残疾人5名,合作社根据他们的残疾程度在社内安排力所能及的工作,并为他们购买了养老、医疗等"五险";同时还利用合作社的农机装备免费为40余名残疾人提供机械化服务和种子种苗,帮助他们解决农业生产方面的困难。

(三)科技创新引领高质量发展

合作社与中国水稻研究所、浙江省市农科院和浙江大学等高校院所合作,积极开展科学试验,通过建立粮油生产全程机械化高产示范区、新品种繁育基地等形式,进行高产创建,为农业增产增效做好示范。同时打造"三基地一示范点"(即"国家油菜产业技术体系示范基地""省级现代农业科技示范基地""浙江省'十三五'农业新品种选育重大科技示范推广基地"和"浙江省种植业主推技术示范点"),以及油菜、水稻百亩高产示范区,小麦、水稻千亩高产轮作示范方和高产攻关田等。在高产示范区内,积极运用和示范推广"肥药双控""定量栽培""两壮两高"等栽培技术、绿色防控与化学防控相结合的统防统治措施。

2009年开始承担国家、省市的3767个稻、麦、油菜新品种试验示范任务,2012年创造了油菜最高亩产242.5千克的浙江纪录;2014年以来一直承担省级高产创建千亩示范片、百亩示范方及高产攻关田;2016年常规稻亩产738千克,创造余杭区纪录;2018年常规稻攻关田亩产815.8千克,创造浙江省纪录;2019年直播油菜亩产208.1千克,创余杭区纪录。

合作社还创建了"沈兴连劳模创新工作室"和"沈兴连粮油技能大师工作室",工作室由中国水稻研究所、浙江省农科院和市区农业局的专家组成,团队人员长期在合作社承包的农田里设立全程机械化基地,进行粮油高产高效的研发、农作物病虫害绿色防控、肥药减量增效、粮油高产创建,新机具、新品种、新技术和新肥药的示范与推广等,取得了丰硕成果。

自2016年工作室成立以来,先后有10名专家在国家和省级刊物上发表论文51篇,制定区级标准4项,获发明专利8项;实施农业科技、农村科普、粮油高产创建等项目36项;组织实施省级农业实训基地、农作制度创新、农业丰收等项目8项,开展新品种、新技术、新机具试验、示范等项目274项;获农业部及省市区荣誉和奖项15项。其中,合作社理事长沈兴连个人已发表论文7篇,获得发明专利1项,制定地方标准2项。

(四)"绿色生产+稻米加工"擦亮金字招牌

2017年,合作社引进了稻米成套加工设备,结合各种先进绿色生产技术努力打造品牌大米,延伸水稻产业链,提升农产品综合效益。

一是"蚊帐"种稻。搭建36个防虫大棚,把虫类与水稻隔开,减少病虫害的发生,水稻生长过程中也不喷洒农药,真正做到了绿色生态。

二是稻虾共生。积极开展稻虾共作模式,提高稻田单位面积效益,实现了"稻田养虾、虾养稻"的良性循环,以减少化肥农药投入,减少环境污染,改善稻田生态环境,提高水稻品质,从而达到生态效益和经济效益双丰收,实现千斤粮万元钱。

三是绿色防控。在水稻周边的沟渠上种植芝麻、向日葵、百日菊等多花蜜源植物,培育绒茧蜂、赤眼蜂等寄生性天敌,控制卷叶螟等害虫;利用菊科植物释放的化感物质控制空心莲子草等杂草的生长,种植香根草诱杀二化螟。示范推广水稻性诱、灯诱等防控技术,较好地控制水稻病虫害的发生,有效减少了农药的使用次数和用量,提高稻米的品质。

四是有机种植。在水稻、油菜种植中,主动与杭州灯塔种猪有限公司合作,推广使用沼液和秸秆还田等技术,减少化肥的施用量。把生产出来的油菜籽加工成土菜油，"生态稻"加工成"孝顺米"（该米荣获"2018浙江好稻米"称号），"蚊帐稻"加工成"宝宝米"，不仅提高了油菜籽和稻谷的附加值，而且因绿色无污染，深受农民欢迎。

五是智慧监管。合作社建立了农机作业远程控制系统、农业物联网、农业电子商务平台、大米及土油菜油溯源防伪及追溯平台等，建立网站、微信公众号等宣传合作社的成果及合作社的"田畈儿"系列大米、油菜籽油等产品。

（五）"农事体验+现代科技农业"发展农旅文化

为积极响应余杭区"美丽乡村""风景田园"建设，发展美丽经济，合作社在渔公桥村的千亩粮食现代农业园精心栽种各色作物，使得农田景致应时变换。春季是金色的油菜花海，夏季是向日葵、百日菊和紫薇花等各色花卉点缀于绿油油的稻田间，秋季是稻穗低垂的丰收景象，冬季是泛着绿色的麦浪。沟渠田边栽种各种开花绿植，四季鲜花不断，随时随地笑迎宾客，真正呈现出"村在园中、家在景中"的风景田园。由此，渔公桥村也成了"网红村"，慕名前来体验田园风光和乡村美景的各地游客络绎不绝，为当地居民增收就业营造了良好的环境条件。

同时合作社还开展插秧比赛、割稻比赛等农事体验活动，游客还可以实地观摩现代农业科技变化，打造集"农事体验+现代科技农业"的农旅文化，为发展美丽经济和乡村振兴助力。

三、启示

该合作社由原来单一的水稻机插服务拓展到油菜和水稻的全程机械化服务，整合农机资源，形成了一定的规模效益和产业链，并在农作制度、耕作技术、种植模式、田园建设等方面创新举措，其成功经验非常值得借鉴。一是创新土地季节性流转模式，可以有效减少冬闲田，增加了油菜种植面积，提高了油菜全程机械化作业水平。农户的土地又得到了合理利用，增加了农民收入，从而实现合作社和农户的"双赢"。二是重视新品种、新技术方面研究、开发与示范，推进农机农艺融合。合作社积极开展科学试验，通过建立粮油生产全程机械化高产示范区等措施，进行高产创建，农业增产增效显著。三是延伸产业链提高综合效益。合作社通过种植有机稻，与企业合社，打造有机稻品牌，提高了粮食的附加值。四是建造千亩风景田园，打造"农事体验＋现代科技农业"的农旅文化，激活了农村发展新动力。

江西省高安市久洋农机专业合作社
顺时而变谋发展　转型升级上台阶

近年来，跨区作业的市场变化较大。在江西省高安市，只要谈到农机跨区作业、聊到规模种植，一定会提到高安市久洋农机专业合作社理事长黎小军。他组建合作社抱团发展，带领合作社 300 多台收割机走南闯北，收获梦想。面对竞争日益激烈的收割机作业服务市场，他及时调转船头，顺时而变谋发展，努力转型升级，依托农业机械化，闯出了一条农业规模种植的新路。每年水稻生产订单作业面积达到 10 万亩，实现了从耕整地、育秧、机插、植保、运输、烘干、储存等全过程机械化作业生产和服务。

一、基本情况

高安市久洋农机专业合作社地处高安市荷岭镇，成立于 2008 年 5 月。经过 11 年的艰苦努力，合作社从当初只有 5 台收割机，8 个会员，目前拥有合作社成员 180 人，各类农业机械 346 台套，固定资产 3600 万元，流转承包耕地 2600 亩。合作社组建了 3 个机耕队、4 个机插队、3 个专业飞防队、60 多个跨区作业队，每年水稻生产订单作业面积达到 10 万亩，实现了从耕整地、育秧、机插、植保、运输、烘干、储存等全过程机械化作业生产和服务。久洋合作社2010年被评为全省农机专业合作社示范社；2016年被评为全国农机合作社示范社、2017年被原省农业厅评为优秀社会化服务组织；2018年被评为省先进农民专业合作社。

二、主要做法

久洋农机合作社自创办以来，建立健全了各种规章制度，不断引进农机新机具、新技术，大力开展全程机械化作业服务，采取多种形式进行规模化种植，取得了显著的经济效益和社会效益。

（一）抱团发展，创办农机合作社

高安市久洋农机专业合作社法定代表人黎小军，1970年出生于高安市荷岭镇仁塘村，高中毕业后在家务农，并长期从事运输工作。

2006年，黎小军瞅准了跨区机收作业这个新领域，拿出家里全部积蓄和别人合伙购买了一台久保田半喂入联合收割机，参加了高安市农机局组织的联合收割机操作培训班，并掌握了联合收割机操作要领、机械构造、维修保养和作业市场行情。随后便开始了跨区作业之路，并加入了由省农机局组织的"赣机北上"跨区机收小麦活动。

他为人诚信、作风正派、勤奋工作，作业服务好、质量高，短短二十几天，机收作业纯收入达4万余元。"双抢"完以后，又参加了省农机局组织的"赣机西征"跨区机收活动，这样运作一年下来，跨区作业收割面积达2000余亩。实现农机作业纯收入16万余元，每家分到8万余元。

初战告捷，黎小军更坚定了做大跨区机收这块"蛋糕"的信心，第二年他单独购置了一台半喂入联合收割机，带领亲朋好友辗转于重庆、四川、湖北、安徽、江苏、上海、浙江、广东等地，收割水稻、小麦每台每年1800小时左右，收割面积达7000亩，实现农机作业纯收入19万余元。实现了当年投资，当年收回成本，发展成为远近闻名的以从事小麦跨区机收为主的农机大户。

经过两年跨区作业的实践,他对跨区作业有了更成熟的认识。但他深知,要做强做大,必须抱团发展。他于是开始着手组建农机合作社,积极向广大机手宣传有关政策,分析跨区作业发展趋势,探讨成立农机合作社的方式方法,统一购机,分小组作业,统一配件供应及维修。

在当地农机主管部门的大力帮助下,由他牵头的"高安市久洋农机专业合作社"于2008年6月正式挂牌成立。合作社建有400多平方米的机具库棚,创办了占地面积300多平方米的维修服务中心、500多平方米的谷物烘干中心、6000多平方米的育秧中心,工厂化育秧能力近1万亩,实行了"商品化供秧,合同化插秧";设有专门的办公室、培训教室,成立了70多个作业队,每年水稻生产订单作业面积达到10万亩,实现了从耕整地、育秧、机插、植保、运输、烘干、储存等全程机械化作业服务。

(二)狠抓基础建设,拓宽机械化服务领域

多年来合作社不断地通过努力,利用盈余资金,不断扩大合作社基础设施建设,建立了一栋办公、培训场所。为提高作业效率,解决机具修理问题,合作社创办维修服务中心,购置了农机维修、农机配件供应服务车各1辆,聘请了专门的农机维修服务人员。合作社还购置了大型拖拉机4台,成立了专业的机耕队;添置收割机110台,组建了跨区作业队;购买植保无人机9台形成了专业飞防队;建设了钢架连栋温控大棚6000多平方米,秧盘播种成套设备(含床土处理)2套,高速插秧机9台,形成了一个育秧能力3000亩的育秧中心,并组建了机插队;购买了烘干机10台(每日烘干稻谷160吨)建立了一个粮食烘干中心;新建了机具库棚400多平方米,购买了秸秆还田机2台、稻草打捆机4台、油菜播种机1台等系列全程机械化作业设备,服务能力扩大到工厂化育秧、机插、机械化植保、粮食烘干、综合农事等领域,服务范围以荷岭镇为中心,辐射周边6个乡40多个行政村,服务群众4000多户,开展机械化作业服务面积10万亩。

(三)探索综合农事服务,打造全产业链服务品牌

久洋农机合作社在搞好全程机械化服务的同时,由专人负责综合

农事服务工作,搭建起金融信贷、农业保险、政策咨询、技术辅导、农产品销售等服务平台,为社员及周边农户提供低成本、便利化、全方位的服务。据了解,合作社采用"统一种子、统一农资、统一耕种、统一管理、统一植保、统一收获、统一烘干"的管理模式,"全程机械化+综合农事"功能凸显,"一站式"服务解决农户生产难题,获得了周边群众的好评。

近年来,久洋农机专业合作社打造农机社会化服务产业链,走出了一条以"跨区作业,市场化运作;社会化服务,产业化发展"的路子,逐步形成了"小农机走向大合作,大合作谋求大发展"。"久洋"通过跨区作业响遍了高安大地。目前,久洋农机合作社实现了从耕整、育秧、机插、植保、运输、烘干、储存、修理等全过程机械化作业生产和服务全产业链,形成了"久洋"综合服务品牌。

(四)整合资源,提升综合服务能力

近年来由于收割机数量不断增多,跨区作业受到一定程度的影响。2013年开始,久洋农机专业合作社着手准备转型升级,不断整合资源,提升综合服务能力。除搞好自身的农机作业服务之外,一方面,大力开展农机新技术推广、培训、信息咨询,使广大社员能够适应新形势的发展;另一方面,对社员的农业生产资料以及粮食、农副产品实行统购统销。同时,积极帮助广大社会解决购机资金困难的问题,使广大机手在购机中没有后顾之忧,并对接保险公司,统一办理农田、机具保险,真正把合作社打造成"一站式"合作社服务综合体。

(五)规模种植,勇闯发展新路子

通过几年来的农机化服务,由于信誉好,作业质量高,合作社已与周边农户建立了稳固的服务体系,吸引了众多农户入社。2018年筠阳街道杭桥行政村32户700多亩水田交给久洋农机合作社进行土地托管,在水稻耕、种、管、病虫害防治、机收等环节进行全程机械化服务。通过核算,当年农户每亩收益扣除托管费后达到622元,合作社也赚取了相应的农机服务费,实现了双赢。

合作社通过整合资源,扩大农机服务能力,灵活机制,形成合作共赢局面，实行"一条龙"全程机械化服务，解决村集体和农户的因劳动力不足等因素造成的种田难的问题。合作社在荷岭镇、上湖乡整合闲置土地资源，开展规模化经营，共流转水田面积2600多亩，通过全程机械化作业，实现了粮食增产增收。2018年种植早稻1780亩，中稻800亩，晚稻1800亩，共收获粮食515.8万斤，按每百斤稻谷价格120元计算，实现收入619万元，纯利润近100万元。

三、启示

久洋农机合作社案例有以下两点值得关注：一方面，事业发展必须顺时而变促转型。从跨区作业到全程机械化作业服务，再到发展综合农事服务，合作社的发展壮大必须适合当地农业经济发展变化和现代农业发展需求，不断提升能力，因势利导促进转型升级，才能保持旺盛持久的生命力。另一方面，开展"一站式"服务有利于打造服务品牌。"一站式"服务不仅是农机作业服务、农资统购统销，还包括金融保险、政策咨询、技术辅导等多种服务内容，能解决农户生产面临的很多难题，形成了长链条服务模式，有利于打造服务名牌。

广东省开平市永晖农机专业合作社联合社
建"大农业"服务联盟 助农民减本增收

广东省开平市永晖农机专业合作社联合社坚持以"发展新农机、服务大农业"新理念，注重创新，大力发展农机社会化服务，将小农户零散地块集中起来，提供"一站式"的服务，并创新地提出"三联"服务模式，推动农机化服务提档升级，成为"全程机械化+综合农事服务"的排头兵。

一、基本情况

开平市永晖农机专业合作社联合社（以下简称"联合社"）成立于2016年，是广东省内首家农机联合社。联合社位于广东省江门开平市水口镇黎村，总部建设面积约8700平方米，现有资产合计700多万元，社员133户；内设机库（4000平方米）、维修车间（1000平方米）、培训室（3间）和会场1个（可容纳500人）；配备农机修理工12人，农机教员6人。近年联合社年均开展水稻生产全程机械化服务（包括整地、栽植、机穴播、植保飞防、收割服务、稻谷烘干等环节）面积达8万亩，稻谷烘干处理量每年近8000吨。

该联合社积极倡导创立"广东农机农事服务联盟"，并成为其主要成员之一，已成为集农机化服务、农机设备和农资销售、农机设备维修、农机操作培训、农机金融等功能于一体的"全程机械化+综合农事"专业组织。服务联盟现有旋耕机、插秧机、收割机、水稻谷物烘干机以及水稻植保飞防联盟农用无人机等260台套，服务联盟配备机手近250人。服务范围扩展到江门、珠海、阳江、茂名、湛江、清远、云浮、肇庆、潮州等地。

创新"三联"服务：一是对上主动联合农机装备生产厂家，为装备生产厂家的产品提供展示、销售、维修、应用试验、推广服务；二是横向联合其他合作社、农机商、农资商，优势互补，社企共建，开展合作模式服务；三是为乡村产业振兴服务，为农民技能培训服务，满足农户对农机农事服务需求。赢四方：一是服务农机生产厂家、科研单位，借厂家技术优势，抓准趋势，宣传推广优质实用型农机设备；二是联合各地合作社，优势互补，变竞争关系为合作关系；三是服务农民，提高农民技能；四是合作共赢，将资源转化成效益，自身也快速发展壮大。现任联合社理事长陈小云，分别获得2010年广东省级农机大户奖励、2018年荣获中国水稻机械化直播技术发展贡献奖，目前兼任广东省区域性农机推广、广东省智能农机装备基地、水稻穴直播基地、大疆实验应用基地、华南农业大学侧深施肥示范基地负责人。

二、主要做法

（一）整合资源，提升全程机械化服务能力

一是强强联合，提升实力。永晖联合社解决单个合作社因势单力薄难解决的问题，有效整合社员农业生产要素资源，壮大联合社实力，形成集水稻生产田块平整、种植、植保、收获以及烘干各环节为一体的全程机械化"一条龙"服务。

二是"水稻直播基地+"模式，有效补短板促机种，提升联合社水稻生产全程机械化服务能力。近几年，联合社积极与农业农村主管部门、高等院校合作，通过建立示范基地加大农机化技术的推广宣传效应，从而提升联合社全程机械化服务能力。例如联合社与华南农业大学罗锡文院士团队建设的水稻精量穴直播示范基地，通过罗院士团队的技术指导，各级农业农村部门的政策倾斜和宣传推广，水稻精量穴直播技术推广宣传范围逐年扩大，穴直播无须育秧、无须插秧，省去了育秧插秧人工成本，省了购买育秧盘成本。据广东用户统计穴直播与机育插秧方式对比，能节省人工成本110~130元/亩，省工、省时、省成本的优点也渐渐深入民心。联合社将水稻精量穴直播技术和服务延伸到湛江、茂名、罗定、清远、韶关、珠海、中山、阳江等市。2018年，联合社带动机主进行水稻精量穴直播服务面积达8000多亩，为农民减本增收近115万元。

三是坚持走规范化管理、规划好经营方向，创新服务模式。合作社实行民主管理，具有完善的组织架构和各项规章制度，贯彻执行"合作社法"监督。激励社员积极性，实行绩效考核制。经营方向以主要农作物生产所需的全程机械化服务为重点，密切配合政府支农政策，供给广东地区的"双季稻+冬种马铃薯"旋耕、播种、植保、收获、初加工各生产环节所需的作业设备和作业服务。农机结合农艺，定出适用于当地的作业标准，抓质量，带动农户转入精耕细作，实现增产增收。精选出适用于广东地区的新型机具，通过与厂家示范应用成功后，分享给其他合作社、合作商、农户，结合政府支农政策，利用多方宣传渠道，全力

推广。

（二）农户为本，加强综合农事服务

一是供给全程机械化托管服务。即签订水稻种植全程托管服务合同，包括耕、种、植保、收和烘干机械化作业环节以及全程机械化过程中涉及的种子、肥料、农药等农资的供应。开展全托服务，一方面充分利用联合社的影响力和充足的农机具、农资资源，深入基层与农户协商确定全程机械化服务，稳定服务对象约3000亩；另一方面，通过积极投标竞标将全托服务向外延伸，已中标开展水稻种植全托服务约3000亩，涉及地点为江门、深圳、珠海。联合社同时还与开平市新大农机有限公司等紧密合作，在确保联合社在开展农业生产全程机械化服务时适用农机具、农资的有效供应外，为农户提供农资统购、新装备新技术示范、信息咨询、培训指导、农产品初加工、农产品销售对接、金融保险服务对接等"一站式"综合农事服务。

二是关键环节机械化服务。是联合社社会化农机服务的主要模式，作业环节主要为水稻机械化种植、水稻无人机植保、谷物烘干作业服务，其中2019年为农户开展水稻机种服务合计约4万亩，无人机植保服务约8万亩，谷物烘干服务约4000吨。另外，联合社与江门市植保科技有限公司、江门天禾农业服务有限公司签订水稻无人机植保服务合同，由公司收集服务"订单"，联合社进行机械化作业服务的模式来为农户开展服务。

三是农资统购服务。利用联合社与开平市新大农机有限公司的合作关系，用心为农户服务，一方面以团购的方式采购农药化肥等农资，节约农民的成本；另一方面，邀请市农业技术服务机构开展化肥农药使用技术培训，引进水稻田侧深施肥技术，提高农户科学使用化肥农药，从而为农户节省使用量，降低成本，同时减少肥料残留对农田水土水污染，促进农业生态环境的保护。

四是教育培训服务。联合社与深圳市大疆创新科技有限公司创新合作，成立大疆农用无人机联合实验基地，建成慧飞无人机应用技术培训中心，为开展无人机植保作业的农民提供上岗培训，同时，联合社被确定为广东省新型职业农民培育示范基地（实训类）。2018年在履带式旋耕机、平田机、水稻直播机、植保无人机、稻谷烘干机操作、维修技术等水稻全程机械化生产设备应用技术等方面共培训农民4300人次，并配合省内外农机同行相互交流学习，云南、广西等多地农机同行到访等。

五是信息化服务。2018年联合社与广州市健坤网络科技发展有限公司合作，建设省内首家"广东省农业信息与智能装备产业技术创新联盟-智能农机装备示范基地"，利用联合社的服务能力与高科技企业的技术研发能力，优势互补，探索"互联网"+农机社会化服务新模式，带动农户与机手积极加入农机社会化服务平台，对本地区社会化服务推广工作产生了良好的示范效应。先后共推广和安装应用农机作业监测终端共700多套，组织各类培训活动8场，培训用户共计500多人。

六是农机金融服务。联合社还为联盟成员开通了购机"分期付"方式，农户只需付30%就可提机，70%可在2年内支付，为农户解决了资金不足问题。

三、启示

"发展新农机，服务大农业"是永晖农机联合社发展的宗旨，"创新、实干、领先"是永晖农机联合社服务的根本。

拓展综合农事业务渠道，供给农机设备、肥料、农药、植保技术辅导，满足农户生产所需，供给实用可行的全程机械化解决方案，培养新型懂操作、懂维修、懂销售的农机技术人才，提升农艺植保管理技术，定标准，抓质量，树立服务品牌。

做好基地建设，以示范应用实效带动农户，利用好新型的互联网宣传平台，完善网站、建设小程序，配合政府和合作商积极推广。促进农业生产转向工业生产模式，根据生产环节进入"流水线式"作业，助力当地农业生产实现全程机械化。

重庆圆桂农机股份合作社
从机具销售到综合农事服务的 10 年蝶变

当前如何推进农机合作社的发展壮大,已成为丘陵地区农业机械化发展面临的重要问题。重庆圆桂农机股份合作社的成立,源于其理事长周元贵同志在 2000 年初帮人销售农机过程中,看到了农机服务的广阔前景。重庆圆桂农机合作社通过农机具销售、社会化服务、创新推广新型适用机具、延伸产业链条打造品牌,现成为了重庆市一流的综合性农机专业合作社,实现了从传统"微型农机服务队"向现代"专业型综合性农业股份合作社"的嬗变,走出了一条可复制的规模经营之路,为丘陵地区农机合作社的发展树立了典型。

一、基本情况

重庆圆桂农机股份合作社前身为 2002 年成立的"农机销售经营门市部",2009 年更名为"永川区盛华农业技术推广合作社",2012 年改造升级为"重庆圆桂农机股份合作社"。合作社位于重庆市永川区南大街谭家坝村。2012 年合作社成功创建成为重庆市级农民合作社示范社,2013 年 1 月被农业部确定为全国农机合作社示范社,2014 年被评为国家级农民合作社示范社。理事长周元贵曾先后荣获永川区"见义勇为先进个人""区级农业龙头企业""优秀种粮大户""百佳乡土人才",重庆市"文明市民""重庆市种粮标兵""雷沃杯全国 20 佳合作社理事长"和"全国种粮大户"等荣誉,2017 年被推选为中国共产党永川区委第十四次党代会党代表、政协永川区第十五届委员会委员。

二、主要做法

合作社成立以来,坚持产业化经营、综合化服务的目标,已升级为农机销售与维修服务、农机推广与机手培训、农机跨区作业、优质稻规模化种植、大米加工销售等生产性服务综合性的农机合作社,为永川区农机化发展做出了极大贡献。

（一）加大投入,提升装备水平

近年来,合作社在国家相关政策的大力支持扶持下,不断改革创新、发展壮大,先后投入 500 余万元,在永川区南大街办事处谭家坝村建成占地 20 亩 5000 余平方米的农机标准化库棚及稻谷仓储加工厂一座,购（添）置农机装备 130 余台套,拥有农机总动力 3000 余千瓦,固定资产总额超过 1000 万元;其中大中型拖拉机 15 台、插秧机 50 余台、收割机 8 台、植保防治机械 30 余台、排灌机械 20 台套、烘干机械 8 台套、运输车辆 5 辆和先进的全自动大米精深加工生产线一条等设施设备。

2018 年,再增加投入 500 万元实施"优质粮食工程"示范项目,改造升级烘干车间 1000 平方米,新建低温智能储粮仓库 500 平方米,可以不用投放杀虫农药或其他任何添加剂的情况下储藏粮食 1000 吨,实现绿色、环保、健康、安全储粮;升级改造大米加工,在原有基础上,再投资 60 余万元,对加工机械进行更新换代、技术改进,将原有临时库棚建成了功能齐全的标准化厂房,达到一流加工水平,实现加工、烘干、储藏、办公设施等规模化、标准化、智能化、现代化。

（二）全程服务,促进农机化发展

在市、区农业部门指导下,重庆圆桂农机股份合作社率先在重庆市丘陵地区探索出"土地股份合作""土地入股保底分红""耕种收全程代理"等规模化种粮新模式,按照品种、农资、育秧、灌溉、机耕、机插、机收、施肥、病虫害防治、产品加工销售"十统一"办法,流转和托管土地规模种粮面积逐年扩大。2012 年流转土地种稻面积 1096.48 亩,2014 年突破 2000 亩,2017 年超过 3000 亩,2018 年达到 3500 余亩。

全面实施科技种粮种稻,开展"耕、种、防、收、烘"全程农机化作业,实现规模化种植和集约化经营,稻谷单产水平稳步提高,现年产稻谷 2000 余吨,种粮收入达 500 余万元。同时,利用合作社农机化作业优势,对外承接水稻全程机械化与社会化作业服务面积 5000 余亩、土地深松中耕作业 1500 余亩,跨区机耕、机插秧、机收作业 5000 余亩,年作业实施规模达 1.15 万余亩次,对外稻谷烘干作业 2600 余吨,年农机服务总收入 200 余万元,吸纳农户节本增效和务工增收 300 余万元。

(三)大胆创新,推广农机新技术

理事长周元贵同志热爱农机事业,不光把农业机械玩得转,维修、保养农机也很在行,无论何时来到该合作社,你都能看到排得整齐有序的农机装备,且都能立即投入使用。更重要的是,他对农业的情怀激发了他作为职业农民的创造力,发明了许多适合丘陵山区使用的新型农机具。

2014 年,周元贵通过积极改革创新,改进创制了"水上飘船形高速微耕机",在微耕水田时都能不湿鞋,堪称"一牛(流)"。

2015 年,周元贵发明了"水田育秧打浆机",再显职业农民风采。在生产实践中大幅度提高劳动效率和服务质量、降低劳动强度和作业成本,多次为区、市两级农机和春耕现场会提供示范演示,受到市、区农业农机部门领导的高度赞赏,并在全区推广应用。合作社还每年组织市内外农机生产厂、经销代理商、农机合作组织、农机大户等参加市、区新型农机展示 10 余场次,推广农业新机具 1000 余台套;为用户维修农机具 2000 余台次;为市、区内培训农机手操作技术人员 2500 余人次;为大足、铜梁、荣昌、垫江、梁平等区县培训农机操作手(实训)1000 余人次,是永川区名符其实的农机技术土专家和操作能手,促进了农机化事业普及与快速发展。

(四)延伸链条,促进产业发展

重庆圆桂农机股份合作社充分利用和发挥加工、仓储与销售优势,实施"订单农业",每年与区内 10 个以上规模种稻大户开展订单收储稻谷近 3000 吨,年加工优质大米 2500 余吨、销售产值 1500 万元,实现从"简单初级农产品生产者"向"复合经营新型主体"转型升级，成为"水稻耕、种、收—稻谷烘干—稻米加工—品牌销售"的"全产业链"融合发展专业经营实体。

在该合作社的辐射带动下，2019年永川全区农机社会化服务主体发展到55个，规模粮油种植大户381户，流转耕地8万余亩，规模粮油种植面积达到8.36万亩，其中粮油全程社会化超7.35万亩，为重庆丘陵地区"怎么种粮"和产后加工，推进粮食产业全程机械化、规模化和现代化发展探索出了一条新路子。

特别是2018年对烘干车间的智能化升级改造，给合作社带来较好的社会经济效益。一是节省了进仓人力成本。在布局安装时，周元贵开动脑筋对工艺流程进行大胆技术改造，将原来靠人工铁铲进料改为从坑内吸入提升到烘干仓顶部进料，烘干后从仓底出料，增加了清理筛、风选等流程，通过输送、提升，仓顶出料直接装车。二是实现智能化操作。即"一人在控制室智能操控，一人现场指挥车辆进出"，8台烘干仓就可运行自如地完成全自动化烘干流程。三是节省了进出仓时间。过去进一仓湿谷、出一仓干谷需要耗费4个小时，每天（24小时）只能烘干一仓，而现在进、出一仓料只需两小时，从装仓、烘干到出仓装车只需20个小时，全过程节约4个小时，提高工效20%。

不用排队，随到随烘。2018年合作社为全区20余个种粮大户烘干服务3000吨，带动种粮大户成倍增长，还为国家粮库烘干稻谷200多吨，社会效益十分明显。此外，社会化服务对象增多，为种粮大户"卖粮难"提供了极大方便。

三、启示

重庆圆桂农机股份合作社发展的典型案例表明，一个农机合作社从小变大、从弱变强，实现从单一服务向综合性服务跨越，圆桂合作社有很多经验值得总结：一是提升装备水平是基础。合作社先后购置完善"耕、种、防、收、烘、加"农机装备，升级功能齐全的标准化厂房，实现烘干、储藏、加工、办公设施标准化、智能化、现代化。二是开展全程服务是关键。全面实施科技种粮种稻，开展"耕、种、防、收、烘"全程农机化作业，实现规模化种植和集约化经营，不断拓宽经济收入，助力合作社发展壮大。三是大胆创新发展是源泉。针对丘陵地区生产特点，合作社先后发明了"水上飘船形高速微耕机""水田育秧打浆机"等适合丘陵山区使用的新型农机具，切实提高劳动效率和服务质量，促进了农机化快速发展。四是开展订单生产是方向。充分利用和发挥加工、仓储与销售优势，常年开展收储加工订单服务，成为"水稻耕、种、收—稻谷烘干—稻米加工—品牌销售"的"全产业链"融合发展专业经营实体，为丘陵地区"怎么种粮"探索出了一条新路子。

重庆市潼南区佳禾机械种植专业合作社

小老板打造大品牌 开辟丘陵农机化新路径

丘陵山区生产机械化是农机化转型升级的重点领域。重庆市潼南区农村青年杨华，由一个民营企业小老板，转向发展农机全程机械化，并开展综合农事社会化服务，他创立的重庆市潼南区佳禾机械种植专业合作社，在众多服务主体中脱颖而出，成为重庆首批农机全程社会化服务的探路者和先行军，带动全区涌现了一大批各具特色的服务主体，有力推动了农机社会化服务突破性跨越式发展，为丘陵地区农机社会化服务开辟了一条可复制、可推广的发展之路。

一、基本情况

重庆市潼南区佳禾机械种植专业合作社创建于2009年3月，住所在重庆市潼南区崇龛镇，法定代表人杨华，成员出资总额330万元整，是拥有独立办公场所、机械仓库、维修场地和培训基地,专门从事农业"全程机械化+综合农事社会化服务"的股份制农民合作社。

2000年,从广东打工返乡的杨华,在镇上创办民营企业,成为一个生意红火的蜂窝煤厂老板。但当他看到农村青壮年大量外出务工,留守老人、妇女和儿童无力从事繁重的农业生产,家乡大片土地荒芜时,2005年杨华就拿出自己所有的积蓄购买了拖拉机和收割机,为乡民开展农业机耕、机收服务。

2009年,为扩大农机服务规模,杨华又组建了潼南区佳禾机械种植专业合作社,以机械实物和技术人员入股的方式,吸纳股东4名、入社社员160人,随后大力开展农机全程机械化和综合农事社会化服务。

目前,合作社拥有各类农机490余台套,总价值达500余万元,是创业初期的16倍;培养技术精湛的机耕、机种、植保、机收作业人员160余人,是创业初期的20倍;建成机械库房及维修车间2300平方米、培训教室100平方米、固定田间作业及培训基地4000余亩,分别是创业初期的12倍、60倍;农机作业及综合农事服务业务覆盖西南地区,年农机作业面积逾10万亩次,农机及综服务创收600余万元。

合作社先后获得农机发明改造专利5项,被评为重庆市农业产业化市级龙头企业、农民合作社市级示范社、农民合作社国家级示范社、区优秀民营企业、全国100家"惠农工作站"。杨华先后获得"全国20佳农机合作社理事长"、"金杯小海狮杯"重庆市青年创新创业大赛三等奖、全国农村青年致富带头人、全国百名杰出新型职业农民等荣誉及奖励。

二、主要做法

(一)整合资源,强化能力

在独自开展农机服务之后,杨华深刻认识到农机服务仅凭一己之力是不行的。于是,他带领几个志同道合的伙伴到外地考察,随后组建佳禾机械种植专业合作社,由4名股东出资,并以机械实物和技术人员入股的方式,吸纳社员216人(其中高素质经营管理人员28人),购买LX754和LX1404大中型东方红拖拉机,碧浪160型、洋马2号和久保田688Q联合收割机,插秧机、油菜播种机、微耕机、喷雾器等各型农机490余台套,培养技术精湛的机耕、机种、机收、植保操作和维修能手160余人,配套机械库房及维修车间3000余平方米,建立固定培训作业基地4000余亩,大幅提升了农机全程机械化和综合农事服务的能力。

(二)激活机制,合作共赢

在运行管理上,合作社建立健全内部章程、规章和制度,严格规范经营管理行为,严格执行重大事项董事会研究决策制、财务运行透明公开制、利益共享利润分红制、业绩考核先进激励制等系列制度,为发展注入了不竭生机与活力。在农机服务上,合作社围绕本地主导产业发展需求,与经营主体紧密合作,实行订单、租赁、托管、承包和跨区服务。同时与其他农机组织抱团合作,采取集团式承包、"一条龙服务"、代耕代种和"基地建设+农机服务"等服务方式,既拓展生产、加工、销售全程化服务空间,又使经营主体生产经营节本增效。

近年来,佳禾机械合作社引进的油菜精量播种机、割晒机和直收机,实现播时开沟、旋耕、灭茬与精量直播、施肥、覆土一气呵成,收割、脱粒、秸秆粉碎还田同步完成,不仅省时省工省钱,而且油菜稳产高产;合作社通过与金牛、巨牛、大同等农机合作社强强联合,整合专业测绘机3台、大疆无人植保机16台,成功竞标农业综合开发区500余万元植保服务大单。通过激活机制,加强合作,实现了合作社与农机服务组织、农业经营主体优势互补、利益均沾、合作共赢,为农机服务开辟了广阔天地。

(三)全程服务,科技先行

在农机服务过程中,佳禾机械合作社大胆探索创新,反复试验实践,不断探索丘陵山区农机服务的新机械、新技术、新途径,先后成功实现规模蔬菜基地机械耕作、大棚内机械耕作、坝地无人机植保、规模化油菜机播机收等机械作业,获得了开沟平垄器、一种轴流卧式干燥机、水稻插秧机分插机构、割草机 5 项改进发明专利，并在重庆市率先实现了水稻、油菜、小麦、玉米等生产作业全程机械化。

佳禾机械合作社改进的机械化插秧机，每台每天栽插面积达 50 亩以上，不仅速度快、效率高，而且秧苗反青快、分蘖早、有效穗多、不易倒伏，亩平节本增效 265 元；率先引进的风送式喷雾器，一次性装载水溶剂 2 吨，360°旋转喷射距离达 30~80 米，每小时施肥或植保作业面积达 200 亩，不仅效率高、功能强，而且操作简单、节约成本；推广的油菜联合收割，不仅省时省工，而且实现秸秆粉碎还田，亩平节本增效 230 元。

合作社建立长期合作关系，每年为龙头企业、农民合作社、种植大户的水稻、油菜、玉米、蔬菜等生产提供的"一条龙"全程服务，"一站式"解决了产业发展难题，从而也形成了稳固的农机服务市场。

（四）拓展探索，综合服务

在大力推进主要农作物生产全程机械化服务的同时，佳禾机械合作社积极探索创新，不断拓展综合农事服务。结合潼南特色产业发展，合作社积极开展黄（蓝）板悬挂、杀虫灯安装、销售等服务。针对产粮大区需求，合作社筹资 120 余万元，引进大型烘干机器设备，建立精油加工厂，年烘干水稻、油菜、高粱等粮油作物 3000 余吨，有效解决规模种粮企业和大户的现实问题。

针对潼南油菜种植 20 余万亩的实际，合作社率先探索实施油菜生产全程机械化，每年直接实施油菜花景区上万亩的油菜种植。2012 年投资 20 余万元新建榨油厂，年收购加工油菜籽 300 余吨，解决了油菜籽销售难题。

针对全区蔬菜、柠檬、油菜、玉米种植面积大的实际，合作社引进无人机实施规模基地施肥、施药作业，为经营业主提供优质高效便捷的生产服务，实现产业节本增效。同时合作社还开展农资代购、技术培训、信息咨询、市场销售等服务，一站式解决产业发展难题。

（五）打造品牌，提升效益

在佳禾农机合作社的带动下，潼南农机专业服务组织迅速发展，目前已达 40 多家，农机大户上百户。飞手黄睿获得 2018 年"全国农民运动会飞防机手大赛"第一名，金牛农机合作社陈长剑荣获两届"全国种粮标兵"和 2018 年"全国明星合作社理事长"，长丰农机合作社陈伟荣获 2018 年"全国农机技能大赛二等奖"，大同农机合作社荣获"全国农机示范合作社"等殊荣。

崇龛油菜景区实施的 3 万余亩油菜生产全程机械化，保证了核心景区油菜花期一致，一举斩获"中国最美花海"殊荣，成功打造成为 AAA 级景区，成为潼南农业文旅的一张名片。同时，油菜生产全程机械化，带动全区油菜规模化机械化生产 7 万余亩，年节约生产成本 5000 万元以上。

（六）示范带动，协同发展

在佳禾机械合作社的引领下，潼南在重庆率先实现油菜生产全程机械化，率先探索水稻生产全程机械化，率先实施产业基地深松整理、绿肥培植、无人机植保和飞播，率先探索药材、果园机械化作业；先后承担全市春耕现场会、农机技术交流观摩现场会等 10 余次。而以佳禾机械种植专业合作社为首的潼南农机社会化服务专业组织，在重庆这块丘陵地区迅速发展壮大，显现出了农机服务可复制可推广的四个特点：

一是组织形式多样化。农机服务组织多样化，呈现出农机大户、农机合作社、农机服务协会、股份（合作）制农机联合社、农机服务公司、农机经纪人等多型社会化服务组织。经营机制和服务形式由单一服务转换为全程服务、由个体服务转换为联合服务、由作坊式管理转换为企业化管理。组织形式的多元化发展，推进了农机服务的专业化、市场化、产业化。

二是服务方式市场化。潼南 40 余家农机服务组织都以市场为导向，采取抱团合作，开展订单服务、租赁服务、托管服务、承包服务和跨区服务，实行集团式承包、"一条龙服务"、代耕代种和"基地建设＋农机服务"共建等服务，满足农业生产和农民的迫切需要，推动小农户向大产业靠近、小地块向宜机化转变、小农机与大农机并行，推动了农机农艺技术跨越式突破，促进了农机服务市场化快速发展。

三是服务内容专业化。随农机社会化服务领域的不断拓展，作业服务、信息服务、技术服务、维修服务等越来越丰富，农机专业耕作队、植保队、机收队等大量涌现，宜机化地块整治农机合作社、无人机飞播飞防队、专业化农药肥料配送队、农机经纪人、App 一站式农机信息网站等新型服务组织蓬勃发展。农机服务规模的扩大，提高了经营专业水平和经营效益，促进了农机服务的专业化、产业化。

四是投资主体多元化。扶持农机化发展系列优惠政策的出台，极大地调动了农民投资发展农机化的热情，同时吸引了大量社会资金的注入，特别是工商资本入注农机行业，技术型和管理型人才进入农机行业，逐步形成了以国家资金为引导、农民个人投资为主体、社会投入为补充的多渠道、多层次、多元化投入机制。

三、启示

从重庆市潼南区佳禾机械种植专业合作社发展的实践来看，整合资源，强化能力是基础；激活机制，合作共赢是保障；全程服务，稳固市场是途径；拓展探索，综合服务是根本；打造品牌，提升效益是目的。

重庆陶义农机合作社
"80后"开辟粮油复合机械化生产新路子

当前农机服务组织的生存和发展，最关键的是服务能力提升。重庆陶义农机合作社由其种粮发展生产需要，组建农机股份合作社，积极探索农业生产全程农机化操作，从服务自己到为周边小范围农户提供耕种防收的农机服务，创新性地开辟出粮油复合全程机械化轻简化生产新模式并延伸到跨区作业，不断促进合作社成长壮大，服务农业农村经济发展，带动乡亲们勤劳致富，逐步实现了小农户和现代农业的有机衔接，走出了丘陵地区农机社会化服务的新路子。

一、基本情况

重庆陶义农业机械股份合作社成立于2012年11月，注册资金400万元，现有入社成员500户。

经过多年的发展，合作社现有承包地3600余亩，其中：重庆市永川区1024亩、四川省自贡市大安区400亩、南充市西充县2200余亩；拥有各类农业机械100余台（套），价值500余万元。其中：耕整机械15台，大中型拖拉机8台（套）、配套农机具10台（套），大型联合收割机6台，育苗自动化播种线1条，排灌机械7台（套），防治机械10台，钵苗插秧机2台套，插秧机32台；粮食烘干机3台套，日烘干能力60多吨和粮食加工生产设备1套、榨油机1套。

合作社建有标准化农机库棚1500平方米、培训室70平方米、维修车间45平方米。注册商标"渝陶义"粮油产品品牌等5个。

2015年，合作社被评为重庆市级农机合作社示范社，2016年被评为农业部农机合作社示范社，2017年获得中国农机行业年度农机化杰出服务奖。理事长李刚获得"重庆市永川区优秀种粮大户""永川区百名优秀乡土人才""第六届雷沃杯全国20佳农机合作社理事长"等荣誉称号。

二、主要做法

重庆陶义农业机械股份合作社理事长李刚，是一位"80后"职业种粮农民。由一名"流浪般"的打工仔，转身成为种粮大户，再到组建农机股份合作社，积极探索农业生产全程农机化操作；从服务自己到为周边小范围农户提供耕种防收的农机服务，延伸到永川区外的重庆江津区，四川宜宾、自贡、南充等地跨区作业，不断促进合作社成长壮大，服务农业农村经济发展，带动乡亲们勤劳致富。

（一）"打工仔"回乡务农，机械化生产促发展

重庆陶义农业机械股份合作理事长李刚，原是四川省自贡市大安区永嘉乡的农村娃，2000年高中未毕业就去广州、云南等地打工，因无技术和过硬本领，工作不稳定，收入低。2007年，他随妻子来到重庆市永川区大安街道定居，从永川区农机推广站举办的"阳光培训"中了解到国家强农惠农扶农政策。他敏锐地意识到，农业农村对农业机具推广和维修的大量需求，具有巨大的潜力和商机。

2012年11月注册成立了重庆陶义农业机械股份合作社，开展农机销售及农机耕作服务。同时，在大安街道二朗坝村承包本村土地520亩，进行优质稻的专业化种植。这块地，于2013年1月被重庆市农机鉴定站确定为重庆市农机鉴定示范基地。2013年10月，他又在金龙镇洞子口村流转土地504亩，主要从事粮食生产、加工销售，成为职业种粮大户。

经过多年的发展，合作社现有承包地3600余亩，其中：重庆市永川区1024亩、四川省自贡市大安区400亩、南充市西充县2200余亩；拥有各类农业机械100余台（套），价值500余万元。其中：耕整机械15台，大中型拖拉机8台（套）、配套农机具10台（套），大型联合收割机6台，育苗自动化播种线1条，排灌机械7台（套），防治机械10台，钵苗插秧机2台套，插秧机32台；粮食烘干机3台套，日烘干能力60多吨和粮食加工生产设备1套、榨油机1套。

合作社建有标准化农机库棚1500平方米、培训室70平方米、维修车间45平方米。注册商标"渝陶义"粮油产品品牌等5个。

（二）探索粮油生产新模式，提高产出增效益

2013年，合作社开始流转土地之初，基地只进行水稻或高粱一年一季的大春作物种植，秋冬季造成土地闲置。年终决算，每亩产值仅1200余元，扣除生产成本和土地租金，忙活了大半年，每亩反倒净亏损200元。

针对这一情况，思维活络的李刚，开始琢磨利用冬闲田（土）再种植一季作物。无巧不成书，2014年重庆市农委要在江津召开秋冬种现场会，主推油菜轻简化生产技术，永川区破例让李刚参会，通过实地观摩，李刚开窍了。

同年秋，合作社在收获高粱后的土地上首次撒播试种油菜，次年油菜亩产达300斤，亩增产值900元，"高粱－油菜"轮作示范取得初步成功。合作社坚持新发展理念，积极试验示范农机新机具和农机新技术，创新探索粮油作物生产新模式，积极推进粮油生产全程机械化。

从2014年起，为进一步提高土地收益，合作社又继续在高粱－油菜轮作模式基础上，加大试验力度，在油菜生产季同期套种萝卜、大头菜、莴笋、大白菜等蔬菜作物，最终确定油菜里套种萝卜模式。

经多年实践，合作社成功探索出了"高粱－油菜（混种春萝卜）"同期共生的全程机械化轻简化生产新模式，实现一年收获三季作物的好收成，有效提高了土地产出率，增加土壤有机质，减少了化肥和农药使用量。该种植模式三种作物总增效益800元/亩以上，实现了高产高效。

目前，合作社已全面实现了高粱、油菜等农作物"机耕→机播→机防→机收→机烘→机械粉碎秸秆还田"的全程机械化作业，为永川区农业机械化的发展起到积极的示范和带动作用。

（三）创新管理模式，综合农事服务促增收

合作社现有固定机手8个，常年聘用临时工人7个。为增强合作社内生动力，合作社主要采取了以下措施：

一是合作社鼓励机手参加各级各类农机培训、农机展会，挑选适合的、优质的、好用的农业机械。如插秧机由手扶四行插秧机更新换代为六行乘坐式高速插秧机。

二是合作社法人对周边省、市、区（县）水稻成熟期进行摸底调查，规划社会化服务"路线图"。

三是每个机手在保底月薪5000元的基础上，每天农机作业服务超出30亩以上的，每亩再奖励20元，极大地调动了合作社机手社会化服务的积极性，常年对外开展农机化作业服务近万亩，年实现服务收入利润50万元以上。

近年来，合作社积极创新农机社会化服务模式，除服务本地200余农户1000余亩水稻的机耕、机插、机收、机烘服务外，积极地"走出去"参与跨区作业服务，对外开展农机社会化服务逐年扩大。

2015年实施水稻全程社会化服务1500亩、机收2300余亩,实现服务收入500万元,利润46万元;2016年实施水稻全程社会化服务2000余亩,服务收入600万元,利润65万元;2017年实施水稻全程社会化服务2000余亩,服务收入800万,利润80万元;2018年合作社进一步拓宽服务领域,到自贡市大安区永嘉乡林远巷村机收水稻1000余亩、南充机收水稻4200亩,为西充县氧森谷农业公司的4000亩红薯、高粱、水稻及宜宾江安县玛瑙种植合作社8000亩的油菜、高粱提供全程社会化服务,实现纯收入100万元。

此外,合作社还通过农产品加工增值增收,每年生产纯高粱白酒50余吨、生产菜油20余吨,共新增产值300万元。同时利用油菜花生产基地,积极探索农旅休闲观光旅游,年接待游客2万人以上,带动当地农户户均增收1000余元,促进了一二三产业的融合发展,促进农业持续稳定增收。

三、启示

重庆陶义农机合作社发展的典型案例表明,全程保姆式服务是农机合作社发展根本所在,包括:

一是做好机械化生产主业。通过组建农机合作社,流转土地建立示范基地,开展机械化生产,促进合作社发展壮大。

二是创新探索复合生产模式。陶义合作社坚持新发展理念,成功探索出了高粱-油菜(混种春萝卜)同期共生的全程机械化轻简化生产新模式,实现一年收获三季作物的好收成,有效提高了土地产出率。

三是带领社员共同致富。积极地"走出去"参与跨区作业服务,实行"保底+奖励"模式,极大地调动了合作社机手的积极性,常年开展农机化服务近万亩,增强了合作社与社员的吸引力与凝聚力,促进合作社持续稳定发展。

四川省眉山市德心农机专业合作社

建立"傻瓜式"种田机制 助力乡村重新焕发生机

乡村振兴战略适时提出,农村迎来重焕生机时代。四川眉山市德心农机专业合作社通过农机综合农事服务,"三统一"推进规模化种植,打造优质优价的农产品品牌,产值连年提升,带领农民走上致富脱贫之路,蹚出了一条可复制的规模经营之路,有力助推了农业高质量发展和乡村产业振兴,成为四川农机合作社发展的一面旗。

一、基本情况

眉山市德心农机专业合作社位于四川省眉山市东坡区,由获得国务院表彰"全国种粮售粮大户"称号的李相德于2014年5月发起成立。合作社现有社员355人,拥有大中型农机具160余台(套),其中主要有80马力以上拖拉机12台、乘坐式插秧机52台、无人植保机25架、烘干机65套、年加工5万吨精米加工生产线一条。合作社现有农机库棚2000平方米,烘干中心6000平方米,维修中心300平方米,培训教室120平方米,配备专业驾驶人员118名,维修人员5名,经营管理人员6名。各环节作业机械齐全,同时不断引进新型高效农业机械。

合作社通过"三个统一"形成好服务、好标准、好品牌,真正让想种田的人会种田,让会种田的人能赚钱。2018年流转土地41000余亩,提供农机耕种收服务面积8万余亩,机械化烘干稻谷4.8万余吨。

2016年6月,德心农机合作社被农业农村部授予"全国农机合作社示范社",理事长李相德被评为"全国20佳农机合作社理事长"。

二、主要做法

合作社自创办以来，严格按照《农民合作社法》规范运行，建立健全了各种规章制度，坚持服务创新、技术创新，不断扩大农机作业面积、不断优化农机作业服务，推进标准化、规模化粮食种植，延伸产业链打造优质农产品品牌，创造了合作社和社员及农户多方共赢的局面，取得了很好的经济效益和社会效益。

（一）弃工从农，带着感情回乡种田

1989年高中毕业后，李相德外出务工。一次偶然的机会，李相德认识了当时在江苏无锡承揽工程的同乡，凭着自己踏实能干打动了对方，从此走上了修建之路。两年时间内，李相德从一名小工发展到承包13栋别墅的钢筋工老板，赚了他人生的第一桶金。

在外小有成就的他回乡之后，眼前的情况却让他倍感痛心——周边的很多土地因缺乏劳力而搁荒，田间到处杂草丛生，乡村凋敝之景随处可见。经过一番激烈的心理斗争，李相德决定辞去工作，留在家乡安心种田，誓要让曾经哺育自己的乡村重新焕发生机。

经过几年发展，2011年李相德种植粮食面积达到570亩，并获得了"全国种粮售粮大户"的称号，2012年种植面积扩大到800余亩。

（二）全程机械化，破解劳动力紧缺瓶颈

就在李相德种植规模不断扩大的同时，风险也随之而来。一年插秧时，由于请不到工人，秧苗两个月才插完，错过了最佳种植期，致使当年的稻谷减产30%左右，直接损失达30余万元。祸不单行，300多亩稻谷收割后，晾晒期间遭遇12天连阴大雨，稻谷一部分被大雨冲走，其余全部霉烂，又损失30余万元。

经过惨痛教训，李相德认识到，要解决这些困难，靠传统的单打独斗模式已经不再适应新时代的新农村发展需要。于是，李相德把周边其他种植户组织起来，走全程机械化操作的农业发展之路，并在2014年成立了德心农机专业合作社。

经过几年发展，合作社各环节作业机械齐全，同时不断引进新型高效农业机械，规模为眉山之首。

（三）创新服务机制，让想种田的人会种田

在推进农业机械化过程中，李相德发现，当下农村其实不乏对农业充满热情的年轻人，但苦于没有相关农业种植经验和积累，想种田却种不好田。这让李相德产生了一个大胆的想法，就是要建立一套有序高效的制度，让所有想种田的人，都能通过这套机制把田种好。李相德逐渐摸索出了一套"统一农技、统一农资、统一农机服务"的"傻瓜式"种田机制：

一是统一为社员提供农技服务。合作社与四川农业大学、市、区农业农村局、科技局专家共同成立专家大院，以农技知识提高粮食产量。合作社每年对全体工作人员及社员进行相关技能培训、演练，使广大社员进一步掌握相关种植技术。

二是统一为社员提供农资服务。合作社成立供销社，为社员提供种子、肥料、农药等农资，组织专业团队到农资工厂、市场进行考察、试用、对比，最终筛选性价比最高的农资产品，确定长期稳定的进货渠道，不仅有效保证了合作社农资的质量和安全，而且大幅降低采购成本，从源头上严格控制投入品的安全。

三是统一为社员提供农机作业服务。合作社有大型农机具160余台（套），真正实现了从耕、种、收、烘干到加工的全程机械化。2016年提供农机耕种收服务面积3.5万亩，机械化烘干稻谷3.1万吨；2017年提供农机耕种收服务面积5万余亩，机械化烘干稻谷3万余吨；2018年提供农机耕种收服务面积8万余亩，机械化烘干稻谷4.8万余吨。

通过机制创新开展相关服务，合作社不仅为社员每亩减少成本120元，更解决了农忙时劳动力紧缺，收割时天气不好粮食霉烂等问题，每年至少为社员及周边群众挽回上千万元的损失。

（四）提升价值链，让种好田的人能赚钱

在全程机械化作业面积稳步提升的同时，合作社瞄准市场，延伸产业链，提升价值链，以市场需求为导向，在优化稻米质量、塑造稻米品牌方面下足了功夫。

1. 统一质量标准

合作社严格要求社员按照国家关于土地及空气质量标准进行生产，并且在严格要求自身的同时在社员间推广有机质提升、秸秆粉碎还田、化肥农药减量示范、采用病虫害绿色防控技术，科学用药控制农作物病虫害的发生等一系列生产标准，并按照"机构成网络，监测全覆盖"的要求，建立了一套全产业链粮油产品质量可追溯体系，从而确保产品质量。

2. 统一产品销售

合作社积极开展品牌建设，以品牌占领市场，以品牌促销售，以品牌增效益。2016年合作社成功注册了"众享好味稻"系列商标12个。合作社新建了一条年加工稻谷5万吨的精米加工生产线，该生产线采用国内外先进设备组合而成，选用日本佐竹色选机，加工生产的稻谷为当季新粮，无须添加任何香精色素，大米晶莹透亮，米香飘逸，整精米高。

合作社与社员签定优质水稻种植订单，社员按照合作社的质量标准进行种植，收获后合作社以高于常规水稻市场价每斤0.1~0.3元的保底价格回收订单稻谷，社员每亩可增收100~300元。

通过订单农业生产经营模式，保证粮食销售，促进水稻生产规模化、现代化，让合作社和社员抱团推向市场，实现农产品全链条增值，合作社和社员双赢局面。

（五）党建引领，打造高素质团队

随着合作社的不断发展壮大，理事长李相德意识到，事业要发展，不能单靠某一个人，而是要打造一支高素质的团队。

在团队建设方面，合作社贯彻将党支部建在产业链上，以"红色先锋"引领"绿色发展"，把会种田的人培养成党员，把党员培养成会种田的人，把既是党员又会种田的能手培养成合作社的骨干社员。党支部首先让党员说得起话，合作社5名理事中至少有3名党员，党支部列席合作社理事会、监事会，合作社重大项目由党支部初审把关；其次是干得起事，合作社设置党员岗位制，把重要的岗位交给党员来负责，如农机、烘干、严禁焚烧秸秆、粮食安全以及供给侧结构改革等；党员除了在合作社说得起话干得起事，最重要的还要经得起考验，确保项目资金安全到位，保障社员利益不受侵害。

在此基础上，合作社还大胆创新，面向全国招聘管理销售团队，选送骨干到高校开展全脱产学习……

发展至今，合作社有社员355名，流转土地41000余亩，辐射周边农户上万户，4万余人，合作社在党支部的带领下摸索出了一套"好服务""好标准""好品牌"的利益链接机制，让更多想种田的人会种田，真正让会种田的人能赚钱。

三、启示

合作社发展的案例表明，一个农机服务组织要在竞争激烈且日益加剧的环境下不断发展壮大，必须要抓住以下几个方面的关键：

一是以高素质标准抓团队建设。合作社充分利用支部建在产业链上，红色引领绿色发展，发挥党员的示范引领、带头、监督的堡垒作用。理事长李相德带头虚心学习，认真钻研，成为农机技术能手。合作社选送技术骨干到大学进行全脱产培训，引进大学生强化管理。显然，合作社的发展，离不开一个高素质的带头人和相关人才的支撑。

二是以社员满意为目标抓农机服务。农机作业服务是农机服务组织的主业，更是开展规模经营和其他综合农事服务的基础。合作社统一调度农机、统一操作规范、统一作业标准、统一收费标准、统一维修保养，由专业管理人员对外联系农机作业服务，不仅使合作社农机作业达到了满负荷运行，同时也为社员提供了高质量服务，合作社争取到了更大作业服务市场和更大赢利基础，为合作社保持旺盛生命力和竞争力提供了坚实保障。

三是以拓展盈利方式为目的抓品牌建设。新形势下，农机作业服务的利润空间越来越窄，合作社通过增加烘干、稻米加工等设备，开展粮食烘干、粮食加工服务，延伸产业链提升赢利空间。与此同时，合作社形成一套质量标准，确保农产品质量安全，加强销售渠道发展，围绕农业供给侧结构性改革，做优品种、品质、品牌，增加产品附加值，真正让想种田、会种田的人能赚到钱。

四川省绵阳市安州区永福农机专业合作社
农机综合服务超市 助推油菜全程机械化

绵阳市安州区永福农机专业合作社在"五统一"基础上采取"订单式"生产服务，解决了小农户的生产意愿问题，服务规模不断扩大；通过五个中心和一个"农机综合服务超市"，解决了服务的效率问题，服务质量不断提高；通过打造"黄土地香米"品牌，解决了为整个链条增值的问题，服务效益不断增加。

一、基本情况

绵阳市安州区永福农机专业合作社成立于2010年3月，位于绵阳市安州区黄土镇明月村3组。合作社成立之初主要以跨区作业和机插秧作业为主，合作社成员有10人，机具20台左右，注册资金86万元。

截至2018年，合作社资产已达948.62万元，基地占地达20余亩，先后获得了"全国农机合作社示范社""全国基层农技推广试验示范基地""农民合作社省级示范社""省级农机专业合作示范社""粮油生产新型经营主体"等荣誉。

二、主要做法

（一）实施"订单式"农机作业服务稳固服务市场

合作社在全程机械化服务过程中，始终坚持统一财务管理，统一作业机具调动，统一作业标准，统一作业收费，统一利益分配机制。在"五统一"基础上，合作社采取"合作社+农户"的合作模式，根据农户和种植大户意愿，实行"订单式"生产服务，并积极吸纳成员带机入股、以资金、土地入股等多种方式扩大合作社规模，努力在当地建立起代耕代种、土地委托、土地托管、订单服务等多种服务方式。

2018年，合作社以承担2018年水稻、油菜生产全程机械化核心示范区建设项目为依托，先后与黄土盐井、方碑、柴育、明月等村组签订3600多亩的以水稻育插秧为主的机械化代耕、代种、代收全程机械化作业协议。

当年完成水稻、油菜生产全程机械化核心示范区建设项目水稻生产全程机械化作业面积3600亩，完成粮油烘干4200吨，完成油菜机收及秸秆还田23000亩，机械化植保28420亩，服务农户8530户，实现农机化作业收入332.3万元。

（二）建立灵活机制形成合作共赢局面

合作社坚持以农机社会化服务体系建设为支撑，与西南科技大学、四川省农机研究院、绵阳市农科院建立起了社校合作、社院合作。

合作社作为西南科技大学校训实习基地，每年培训学生近50名；与西南科技大学、四川省农机研究院、绵阳市农科院进行社校、院社合作，通过开展试验示范，共同解决油菜机械化移栽育苗、机播和水稻机械化育插秧过程中的多项技术难题，院校取得了生产试验示范技术成果，合作社也获得了试验示范新技术带来的增产增收，实现了合作共赢。

同时，合作社与当地几个村组签订机械化作业服务合作协议，与种植大户、家庭农场、种植专业合作社签订代耕、代种、农资供应、农机技术服务、代购代销产品等合作协议，有效地解决了当地村组农户机械化作业难和种植大户、家庭农场、种植专业合作社在生产、经营过程中各种难题，合作社在几方合作中每年实现各种服务收入320万元，取得了多方合作共赢良好局面。

（三）建立"农机综合服务超市"，"一站式"解决农户生产难题

合作社为了更好地开展社会化服务，出资150万元建立起600余平

方米的以技术服务、农资服务、生产服务、电商服务、信息服务等五项服务的农业社会化服务超市。超市内设立生产服务价格表、专家信息一览表、服务项目等内容，提供种子、农药、化肥、各种农业机械等供农户及种植大户选购。

同时，以社会化服务超市为平台，为农户及种植大户开展农资销售配送、机耕、机种、植保、机收、秸秆还田、烘干、销售于一体的"全程机械化+综合农事"服务模式，为农户和种植大户提供产前、产中、产后"一条龙"综合服务，为农民一站式解决生产过程中需要的服务和面临的困难。

2018年社会化服务超市为农户和种植大户配送种子、农药、化肥等农资600余吨，提供技术、电商和信息等服务2300余次。

（四）整合资源扩大合作社综合农事服务能力

几年来，合作社先后筹集资金300余万元，建立了水稻育插秧、植保、粮食烘干、粮食储藏、粮食加工、农机培训六个服务中心和一个现代农业社会化服务超市。合作社五个中心一个超市的建立，有效解决了周边地区农户和种植大户的粮油生产过程中的各种难题，提高了合作社规模化、标准化、全程全面化服务能力。

2015年合作社与西南科技大学共同建立实训基地，并率先在全省创建起由农机合作社创办的拖拉机驾驶员培训学校。几年来，共培训拖拉机驾驶员和农业科技人员3000余人次。

2018年通过代耕代种、土地委托、土地托管、订单服务等形式，为周边地区1200余户农民45000余亩土地实现耕、种、植保、收、烘干、秸秆机械还田等农机服务，实现农机服务作业收入260万元。

（五）打造终端产品品牌，提升综合效益

从2016年起，合作社建立起了无公害大米生产基地，合作社生产的"黄土地香米"经中国食品发展中心审核，被认定为食品A级产品，获得"绿色食品"认证标志，是全区首家获得绿色食品认证标志农机专业合作社。

合作社通过线上网络线下超市销售，打响了"黄土地香米"绿色无公害品牌，年销售大米300吨，实现销售收入400万元，取得了很好的品牌效益。

（六）承担社会责任，致富不忘乡亲

近年来，合作社先后与省级贫困村黄土镇的芋河村和县级贫困村明月村签订结对帮扶协议，定点帮扶芋河村24户和明月村75户共99户建档立卡贫困户；为贫困户免费提供三夏、三秋耕、种、收服务和农资。优先聘用贫困户劳务人员到合作社劳工，并接受贫困户以土地入股、产业扶持周转金入股、合作社自愿捐股、小额信贷带资入股等方式确保贫困户如期脱贫。合作社在区农业农村局的指导下，协助黄土镇芋河村和明月村作好产业脱贫规划，引导村民发展多种经济作物，使其早日脱贫致富。2017年4月，永福农机专业合作社获得"绵阳市首届脱贫达人奉献奖"。

三、启示

资源整合是关键，合作共赢是保障。合作社将全部资源整合后建立的水稻育插秧、植保、粮食烘干、粮食储藏、粮食加工、农机培训六个服务中心和一个现代农业社会化服务超市，是开展"全程机械化+综合农事"服务的关键，与西南科技大学、四川省农机研究院、绵阳市农科院建立起的社校合作为合作社提供了技术保障，与当地村组、合作社、种植大户、家庭农场建立的村社共建、社企共建、社社合作等为合作社开展以农业生产全程机械化为基础的综合农事服务合作共赢是服务保障。

建立现代农业社会化服务超市，将对农民的技术培训、信息咨询、农作物收获后的销售等纳入其中，最大限度地将农业机具要素、人才要素、技术要素整合在服务平台上，为农民一站式解决生产过程中需要的服务和面临的困难，实现了农机服务组织以最经济的投入联农带农，推进小农户与现代农业发展有机衔接的目的。

参考文献

[1] 重庆市农业局.重庆市农民专业合作社操作与实务[M].北京:中国农业出版社,2008.

[2] 陈建国,陈光国,韩俊.中华人民共和国农民专业合作社法解读[M].北京:中国法制出版社,2018.

[3] 田贵康.重庆市山地特色农业机械化实用技术与装备[M].重庆:重庆出版社,2021.

[4] 金正昆.服务礼仪[M].北京:北京联合出版公司,2019.

[5] 志强,翟文明.礼仪常识全知道[M].北京:中国华侨出版社,2015.

[6] 李强.谷物烘干机的操作与保养[J].现代农业科技,2018(11):176,182.

[7] 孙忠仁,李振军,赵萍,张艳春.农业机械的保养及管护[J].农村天地,1998(10):30.

[8] 周文,谢景鑫.植保无人机的维修与保养[J].湖南农业,2021(01):31.

[9] 国彩同,李安宁.农机专业合作社经理人[M].北京:中国科技出版社,2010.

[10] 王吉鹏.我国农民专业合作社财政扶持政策效应研究[D].中国农业科学院,2018.

[11] 王卫涛.我国农民合作社发展现状及对策研究[D].东北财经大学,2011.

[12] 熊波.国内外农机社会化服务组织的发展及分析[J].北京农业,2007(09):49-53.